债权人参与公司治理

问题研究

沈晨光　著

The Research on Creditors´ Participation in Corporate Governance

中国人民大学出版社

·北京·

图书在版编目（CIP）数据

债权人参与公司治理问题研究/沈晨光著. —北京：中国人民大学出版社，2015.4
ISBN 978-7-300-20831-2

Ⅰ.①债… Ⅱ.①沈… Ⅲ.①上市公司-债务管理-研究-中国 Ⅳ.①F279. 246

中国版本图书馆 CIP 数据核字（2015）第 034105 号

债权人参与公司治理问题研究
沈晨光 著
Zhaiquanren Canyu Gongsi Zhili Wenti Yanjiu

出版发行	中国人民大学出版社		
社 址	北京中关村大街 31 号	**邮政编码**	100080
电 话	010－62511242（总编室）		010－62511770（质管部）
	010－82501766（邮购部）		010－62514148（门市部）
	010－62515195（发行公司）		010－62515275（盗版举报）
网 址	http://www.crup.com.cn		
经 销	新华书店		
印 刷	唐山玺诚印务有限公司		
开 本	720 mm×1000 mm 1/16	**版 次**	2015 年 4 月第 1 版
印 张	13.75 插页 1	**印 次**	2024 年 5 月第 2 次印刷
字 数	189 000	**定 价**	76.00 元

序

债权人参与公司治理问题是管理学中的核心问题，涉及委托代理矛盾、企业内部人控制、企业组织结构和岗位职能设计等核心问题。在利益相关者理论充分发展的今天，债权人作为重要的利益相关者理应得到企业界的重视，债权人有权参与到公司的内部治理中去而不是企业简单地偿还债务利息。

本书通过理论研究和实证研究相结合的方法对债权人参与公司治理这一问题进行了详细的阐述。本书共分为 10 章，大致内容如下：

第 1 章提出研究的背景、框架、思路，描述了研究的方法。第 2 章进行文献综述，主要阐述了利益相关者理论的发展、从身份到契约的理论变化、企业融资方式的发展和债权人治理效应的研究。第 3 章主要描述了企业融资模式对公司治理结构的影响，同时说明国家立法为债权人参与公司治理提供了基础。第 4 章重点阐述了债权人参与公司治理的理论基础，包括状态依存所有权、不完备契约理论、债权代理成本理论，重要的是从法学的视角论述了现代民法对债权人保护的不足。第 5 章阐述了现代社会从契约到身份的转变过程，为债权人参与公司治理提供了社会基础。第 6 章对债权治理的绩效进行了实证分析。第 7 章阐述了公司债债权人参与公司治理的具体方式，第 8 章阐述了银行债权人参与公司治理的途径。第 9 章介绍了破产债权人会议制度。第 10 章总结了研究的结论、局限性和对未来的展望。

本书从理论和实践的角度比较全面地分析了债权人在公司治理中的特殊地位，填补了这方面的研究空白。本书的出版受到了北京市高等学校“长城学者”培养计划项目（CIT&TCD20130330）的资助，特此表示感谢。

由于时间仓促，本书还有很多缺点，希望大家多多交流，不足之处欢迎批评指正。

沈晨光

2014 年 9 月 17 日

目　录

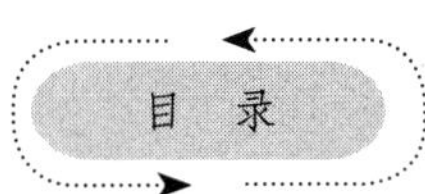
目　录

第1章 问题的提出

1.1 研究背景

1.1.1 理论的发展

在冲破黑暗的中世纪之后，自由、民主的思想深入人心，而市场经济则是那个时代的产物，这种资源配置的经济制度使人们完成了从身份到契约的转变。从那时起，私人财产成为众多国家通过宪法进行保护的对象，市场经济的铁律就是私人财产神圣不可侵犯。在这样的背景下，物质资本得到了前所未有的尊重，资本被认为是企业得以建立的、不可替代的基础。出资人的地位空前地提高以至垄断了公司治理中所有的核心权力，股东拥有了独一无二、至高无上的地位。在20世纪80年代之前，由于股东主权的思想深入人心，对于“谁是企业所有者”

这一问题的答案唯一且不言而喻。但是在这之后，这一问题出现了不同的答案，那就是，利益相关者也同样是企业所有者。所以，关于企业所有者的问题有两种理论一直处于争论状态，即股东至上理论（shareholder primacy theory）和利益相关者理论（stakeholder theory）。

支持股东至上理论的学者认为，企业的资产是由股东投入的资本形成的，同时股东也承担了企业的剩余风险，即在剩余分配之前，企业需要支付给债权人利息、员工工资、供应商货款等，剩下的才是公司的收益。所以，股东是名正言顺的公司所有者，理所当然拥有企业剩余索取权和剩余控制权（Grossman & Hart，1986），利益相关者理应被排除在公司的内部治理之外。换句话说，公司如何治理与利益相关者无关，只能由股东决定。相反，支持利益相关者理论的学者则认为，企业的利益相关者和企业股东一样都对企业的生存和发展投入了一定的资源，同时也承担了企业经营的风险，有的利益相关者承担的风险甚至大于股东。在这种情况下，企业的经营发展就必须考虑利益相关者的利益，否则利益相关者就会失去对企业进行投资的兴趣，从而影响企业的发展（Freeman，1984）。因此，利益相关者同股东一样，也应该拥有企业的剩余索取权和剩余控制权。

在股东至上的思想占据主导地位的时代，人们认为企业的出资人是当之无愧的所有者，企业的经营活动需要遵循出资人的意志，企业是为出资人的利益服务和负责的。新古典经济学甚至认为企业是一个“黑箱”，投入和产出是外在的，内部的情况不得而知。企业的股东作为企业的所有者，承担了企业的剩余风险，享有法律所赋予的剩余索取权和剩余控制权。但是，伯利和米尔斯（Berle & Means，1932）的研究打破了这个结论。他们分析了200多家美国公司，指出：大公司的股票分布十分分散，股东数量众多，没有股东能够拥有足够多的企业股票，这就导致了企业的股东并没有企业的控制权，而控制企业的经营者也没有企业的所有权。所以，股东不得不把企业的控制权委托给经营者，经营者对委托人具有代理责任，经营者的行为要从股东利益最大化出发，股东利益优于其他人的利益。所以，现代企业由于股权分散，产生了委托代理关系，经营者作为企业的控制者，要以股东利益最大化为出发点。所以，现代企业的核心依然是股东利益最大化。自此，两权分离的理论开始兴盛，股东虽然是企业的所有者，但已经不再是唯一的企业控制者了。

在古典经济学中，“股东利益最大化”被作为经济学的假设之一，利益相关者的利益只是作为实现股东利益最大化的条件来加以分析。但是，由于股东至上理论和资本雇用劳动等命题存在着诸多缺陷，主流企业理论并没有充足的理由证明所有的剩余索取权和剩余控制权都应该归股东所有。从 20 世纪 80 年代开始，利益相关者理论的提出对股东至上理论产生了很大的冲击。利益相关者理论认为：

第一，公司的所有者并不唯一，股东并不是公司仅有的所有者。股东的初始投入资本并不是企业形成的充分条件，只是必要条件，因为公司的资产本身不会自发增值，必须借助其他利益相关者的投入。比如，企业需要银行贷款、员工付出劳务、供应商供货、消费者购买产品，甚至需要企业所在的社区支持。企业是一系列契约的集合体，其经营运作与其他利益相关者都发生着契约关系或其他关系。

第二，股东并不是企业唯一的出资人。企业资金不仅来自股东的初始投资，而且来自公司的雇员、供应商、债权人和消费者，尤其是债权人，他们是公司进行债权融资的主要对象，有的公司债权融资的比例甚至高于股权出资的比例，企业的资产负债率偏高，在这种情况下，所谓的出资人就不能仅仅指股东这个群体了。同时，随着经济的不断发展，各种金融创新工具和金融衍生品层出不穷，股东能够通过各种组合方式来降低风险，绝大部分股东购买股票只是想获得股票上涨时的价差而不是对企业做长期投资的打算，所以这样的股东并不一定比其他利益相关者更关注企业的经营和发展。布莱尔（Blair，1999）指出，利益相关者向企业进行了专用性投资，就应该享有企业的剩余控制权和剩余索取权。

第三，股东的风险并不一定大于利益相关者。股东至上理论认为，在分配剩余之前，企业已经按照事先的契约规定，将应该支付给利益相关者（债权人、供应商、员工等）的收益都已经支付完毕。债权人、供应商、消费者等利益相关者与企业之间的关系是由合同约束的，债权人的利息、供应商的货款、消费者购买的价格都是固定或者是可预期的，而股东的投资收益则是隐形的、不确定的。企业只有在履行完所有相关者的合同之后的剩余才是股东的投资回报，所以股东承担的风险大于利益相关者的风险，其收益可能有也可能无，企业的所有剩余都应该归股东所有。但是，这种观点仅仅考虑了企业经营正常的情况，而债权人、供应商等利益相关者的风险来自企业的非正常经营状态。企业对利益相关者履行合同在正常经营状态下是没有问题的，但是一旦企业经营遇到风险，遭遇非正常状态，则利益相关者的利益都面临着很大风险，债权人的债务可能不能偿还、员工的工资可能无法支付、供应商的货款可能无法到位，这些风险并不由股东来承担。既然股东不能承担企业所面临的所有风险，那么股东就不应该享有所有的剩余权利，股东至上理论也就不能成立。布莱尔（1999）指出，公司的股东其实并不符合所有者这个身份，因为他们并没有承担理论上的全部风险。这些股东实际上没有任何典型的权利和责任，我们片面地强调股东的剩余索取权和剩余控制权很可能导致股东对其他利益相关者采取不负责任的态度和行为，最终损害了股东本身利益。

第四，股东至上理论的前提假设是错误的。股东至上理论认为：股东在实现自身利益最大化的过程中，整个社会就会自动实现利益最大化，这其中就包括众多的利益相关者，这就达到了股东利益和利益相关者利益、社会利益的完美结合。但这种假设的前提是完美的市场条件，也即市场没有外部性。而在现实中，完美的市场并不存在，信息不对称、人类有限理性、市场失灵等问题在市场中大量存在。在很多情况下，股东利益与利益相关者的利益并不一致甚至是冲突的，如果单纯考虑股东利益最大化，势必会损害其他利益相关者的利益。

1.1.2　实践的挑战

股东利益最大化的公司治理目标不仅受到利益相关者理论的挑战，而且在实践中，将股东利益最大化作为公司治理目标会带来难以克服的缺陷。具体如下：

第一，股东本身不具备参与公司治理的动力，造成公司内部人控制。从股权逻辑的角度出发，公司处于股东单边治理模式之下，股东是公司治理的主体，对于公司的重大事项具有法定的投票权。公司的种类一般分为有限责任公司和股份有限公司两类，其他类别的公司比如有限合伙等形式都是在这两类公司的基础上演变出来的。有限责任公司股东数量较少。我国《公司法》规定有限责任公司股东数量范围为 1～50 人[①]，这种公司强调人合性，股东之间比较熟悉，出于共同的信任和追求对公司进行投资。在有限责任公司里，由于股东数量少、人员之间比较熟悉，加上在我国有限责任公司是不发行股票的，其股东对于自己股份的处理并不能像股份有限公司中持有公司股票的股东一样，进行“用脚投票”——将股票卖掉来解除对于公司的投资。股东对自己投资的公

① 股东数量为 1 人的有限责任公司为“一人公司”。

司内部治理情况自然十分重视，他们有动力参与公司的内部治理。而股份有限责任公司，尤其是上市公司则不一样，这类公司的股份数量庞大，动辄发行几亿股、十几亿股，同时还有增发、配股等各种方式来扩大自身股份的数量。[①] 通过这些方式，股份有限公司股东数量激增，股份极为分散。分散的股权结构导致了单一股东对企业经营情况进行监督的成本太高，于是就产生了严重的“搭便车”行为，中小股东指望着大股东对公司进行治理，效果好则自己受益，效果不好自己就用脚投票。此外，很多股东购买股票是为了投机而并不是关心公司的经营情况。股份有限公司强调资合性，股东之间并不熟悉。股东购买股票也是根据股票价格来判断企业的好坏，而不是基于企业股东之间的信任，所以股份有限责任公司的股东，尤其是中小股东基本上不能参与，也不想参与公司的内部治理。同时，大多数股东并不具备对公司进行监督的专业知识，他们缺乏参与公司治理的能力，所以，股东将股票价格作为判断公司经营好坏的标准，但是股票价格实际上很难完全反映真实的公司价值，这种判断标准本身就有失偏颇。结果，公司最终将被内部董事和经理控制。内部人由于任职期限固定而产生短期机会主义行为。

第二，“股东利益最大化”的标准很难确定。股东效应函数由若干条件决定，比如持股数量、持股时间、持股人身份和持股动机等，不同股东的利益标准不一致导致了股东利益最大化这个标准是不确定的。有的股东追求短期利益，有的关注公司长期发展，有的参与公司治理，有的则用脚投票。即使都是大股东，他们之间的利益诉求也不一致。由于存在着利益差异，股东利益最大化的标准就很难确定。如果为了满足一方利益就必须牺牲另一方利益，这个问题就显得更加棘手。现实中的企

① 以我国为例，2010 年证监会就核准首发 257 项、核准配股 20 项、核准增发 10 项。

业遵循着“一股一票”的资本原则，在这样的原则下，大股东或者控股股东就可以利用法定的投票权损害中小股东的利益。这样的案例也屡见不鲜，所以实际上，“股东利益最大化”其实就是“大股东利益最大化”或者“控股股东利益最大化”。还存在一种情况，那就是投资者很可能持有多家公司的股票，成为多家公司的股东，而这些公司之间的利益很可能有冲突，追求一家公司的利益最大化可能导致其他公司的利益损失，此时的股东利益很难评价和保证。

第三，资本市场自身的缺陷使股东利益最大化的治理目标难以实现。

股东单边治理模式通常是借助资本市场的力量向公司经营者施加压力。如果公司经营业绩不佳，公司的股票价格就会下跌，公司就会面临被收购的危险。一旦公司被收购，董事、经理等高管就面临着“下岗”的危险，这就是所谓的“股东怕破产、高管怕接管”。而这种外部治理的前提条件是市场有效、理性人和资本市场传递的信息都是真实有效的、投资者对信息作出理性正确的反应，这才是可信的公司治理工具。但现实的情况是，市场存在大量失灵的情况，同时人的行为往往受到时间、地点、知识、经验、运气等因素的影响，具有非理性。在资本市场上，股票价格往往只反映了公司经营的某些方面，其本身不能完全反映公司的真实价值，因为公司不仅具有所谓的“账面价值”，还有财务报表以外的“表外资产”，比如公司内部流程、员工薪酬体系、企业家能力、供销网络、内控能力等。同时，影响公司股票价格的因素也有很多是公司本身不能控制的，比如宏观的经济环境、产业的成熟程度和各种天灾人祸等。投资者根据股票的价格信息根本没有办法对公司情况作出理性预期。此外，如果出现股票价格与公司价值不相符的情况，公司经营者为了避免“被接管”的状况，就有可能通过财务作弊、利用信息优势等方法操纵股票价格，这样就破坏了股东价值最大化。由此作出的选择将使股东利益最大化的目标无法实现。这一点从各国铺天盖地的财务造假丑闻中就可以看得出来。

由于股东至上理论的上述缺陷，20 世纪 60—70 年代，奉行这一理论的英美国家遇到了前所未有的经济困难，企业也普遍遇到了一系列现实问题，例如企业伦理（business ethics）问题、企业社会责任（corporate social responsibility）问题、环境管理（environmental management）问题等。企业伦理问题的产生是由于过分地追求股东利益最大化，企业忽视利益相关者的利益、损人利己、违反商业道德的行为在世界各国都不同程度地存在着。英国《卡德伯利报告》（Cadbury Report）[①] 的公布和“安然”事件反映了欧美公司股权治理表面完善、实际漏洞百出。基于此，人们开始反思企业在经营活动中到底应该遵守哪些伦理道德并如何遵守这些道德问题。同时，现代工业的发展使得企业生产不仅消耗了大量的能源、资源，而且排放了大量废水、废气、废渣、噪音、辐射等污染，不仅严重地污染了环境，而且对于人们的身体健康造成了损害。随着全球环境问题成为人们关注的焦点，企业如何在经营过程中对环境负责也成为现代企业生存发展的重要命题。企业是不是可以为了股东利益最大化而牺牲其他主体的利益，使自己的成本外部化？如果可以，那么我们的交易成本会很高，社会将承担巨大的企业负外部性。所以，人们意识到企业不仅要承担经济责任，还需要承担法律、道德等方面的社会责任（刘俊海，1999）。

由于从股东至上理论中难以寻找到对企业社会责任、环境污染、伦理道德的解释，所以现代公司的经营活动需要包容性更强的利益相关者

① 20 世纪 80 年代，英国公司经理行事丑陋，英国公司大范围破产倒闭。报告的主要目的是考察上市公司的财务特征，向股东报告绩效。

理论。所以，20 世纪 80 年代之后，一些企业管理者逐渐从利益相关者的角度考虑企业的经营活动，使得企业逐渐取得了长期性的可持续发展。以德国、日本、韩国为代表的国家非常重视债权人这一企业重要的利益相关者，这些国家的经济迅速崛起。很多学者的研究表明，日本和德国的企业在经营中更加重视利益相关者的利益，尤其是公司债权人的利益，在企业治理之中充分融合了人本主义的管理思想；而英美国家崇尚股东至上的治理模式，使得企业经营者更加偏向追求企业的短期利益而忽视了企业的长远发展（Aoki，1984）。面对这样的反差，西方学术界不得不开始反思股东利益最大化理论的合理性，而企业界在 20 世纪 70 年代提出了“学习日本”的口号。这使得债权人在公司治理中的作用日益受到重视，债权人参与公司治理已经成为公司治理理论的重要组成部分。因此，摒弃股东至上逻辑、奉行利益相关者尤其是债权人参与公司内部治理既有深刻的理论背景，又有解决企业遇到的现实难题的需要。

1.1.3 研究目标及意义

公司治理是现代企业理论的重要组成部分，跨越法学、经济学、管理学、社会学等众多学科，涵盖企业管理、政府规制等众多研究领域。如今，公司治理问题已经成为一个集理论研究和实践意义于一体的重大课题。而债权人治理理论是从利益相关者理论出发，颠覆股东至上、股权治理的崭新课题。从国内公司治理的研究状况看，理论研究尚未脱离股权逻辑，而相关研究多集中在公司治理机制的设计，具体来说，就是股东会、监事会、董事会如何相互制衡以及委托人与代理人如何相互监督从而使企业运营更有效率，而对于利益相关者参与公司治理的问题则较为忽视。即使有的学者在有些领域有所研究，也少有系统性的研究，甚至存在很多误区。尤其是债权人作为一类重要的利益相关者，其利益与企业经营息息相关，而对债权人是否应该参与公司内部治理、如何参与治理等问题存在颇多争议，尚未形成一套完整的理论框架。本书研究的目的，在于从理论上构建债权人参与公司治理的机制框架，为我国公司内部治理结构的改进和完善提供依据。

随着股东至上理论在理论和实践中都面临着巨大的挑战，资本市场日益活跃，公司不仅会选择股权融资，也会选择银行、公司债等形式进行债务融资。[①] 债权资本在公司融资中的地位越来越重要，同时，债权人的风险也逐渐增大。企业经营良好则相安无事，如果企业面临危机，无法保证对债务的偿还，那么债权人的利益将面临巨大风险。所以企业的剩余索取权和剩余控制权在更大范围内的分享和让渡已经成为不可逆转的趋势。对债权人参与公司内部治理的系统化和规范化研究有利于探索新的企业治理模式、丰富公司治理理论并且完善公司治理机制。目前，利益相关者理论的提出对我国企业治理提出了新的要求，我国资本市场的发展也对公司内部治理提出了更高的要求。在这种情况下，完善企业的债权人参与公司治理机制、探讨多元化利益主体共同治理模式对我国企业具有十分重要的意义。

1.2 研究思路、结构、内容技术线路

1.2.1 本书的研究思路

本书以利益相关者理论为基础，强调债权人在公司成长和发展过程

---

① 以我国铁道部为例，铁道部 2010 年新增贷款 4 500 亿元，2010 年底国内贷款总额达 1.25 万亿元。同时，铁道部还大量发行公司债。2011 年以来，铁道部发行了三期各 100 亿元的超短期融资券，两期短期融资券（分别是 200 亿元和 150 亿元），一期 200 亿元的中期票据；算上 2011 年 7 月 21 日发行的 200 亿元短期融资券，铁道部 2011 年共在债券市场融得 1 050 亿元。

中的重要性，旨在突破传统公司治理只强调股东利益最大化的局限，探讨债权人参与公司治理的理论框架，提出债权人参与公司治理的实现方式和实现途径，构建债权人治理的机制体系。总之，本书所要探讨的是企业债权人参与公司治理的实现方式和实现途径及其构建债权人治理的机制及对策。本书的研究思路如下：对相关理论及文献进行回顾—寻求理论依据和现实基础—提出假设—对假设进行分解并进行实证检验—得出结论并以此为切入点为理论提供依据—归纳总结具体路径和方法。

本书从企业理论的发展脉络出发，全面分析了股权治理理论和利益相关者理论的根本区别，并从利益相关者理论的背景和实践出发，把握了利益相关者理论的核心思想，分析了利益相关者参与公司治理的必要性和可行性。在此基础上，本书通过论证得出债权人是重要的利益相关者的结论，从而为债权人参与公司治理提供理论依据。在分析了利益相关者理论之后，本书从企业资本结构的演变出发，归纳了不同时期、不同国家的企业融资模式，并分析其成因，同时发现不同融资模式对公司治理结构所产生的不同影响。由于债权是企业主要的融资模式，以这种方式进行融资的企业治理结构必然不同于股权融资下的公司治理结构。在不同的治理结构下，债权人的地位、作用、权利和义务有着很大的不同。同时，各国根据自己国家的实际情况，用立法的形式确定了很多保障债权人参与公司治理的具体制度。本书对此亦进行了总结，为债权人参与公司治理提供了现实基础和制度依据。

接下来，本书通过实证分析证明了债权人参与公司治理的必要性，为债权人参与公司治理提供了科学依据。最后，本书通过对债权人的分类，分别讨论了公司债债权人和银行债权人参与公司治理的实现途径和方式，并进行了总结，从而形成了一套完整的债权人参与公司治理的逻辑结构。

1.2.2 本书的主要内容和研究框架

本书研究的逻辑框架如图 1—1 所示。

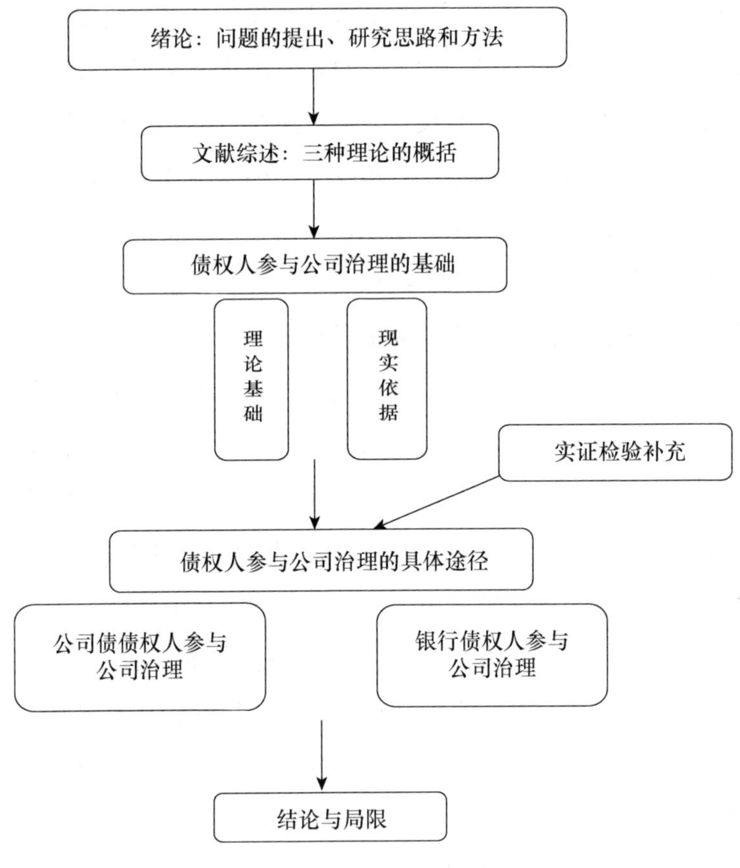

图 1—1 研究框架图

本书的主要内容分为 10 个部分，具体安排如下：

第 1 章 问题的提出。

该章提出了论文研究背景、目的和意义，设计论文的研究方法、研究框架，并且对所研究问题的相关概念进行了界定，比较了股东治理和债权人治理三个方面的分歧。

第 2 章　文献综述。

该章从三个方面对相关文献进行了整理。一是公司治理理论发展的回顾，利益相关者理论逐渐取代股东利益最大化理论成为了公司治理理论的主流，传统的单一股权治理理论已经被证明存在着很大的局限性，不适应社会时代的发展。同时债权人是重要的利益相关者，具有参与公司治理的主体身份。二是对公司两种典型融资模式的文献总结，从中发现股东治理和债权人参与治理存在着明显的融资模式的不同。三是关于公司债权治理效应的研究综述，总结了关于公司债权治理的效率及作用、债权人参与公司内部治理的研究成果。

第 3 章　债权人参与公司治理的现实依据。

该章第一部分通过对企业融资模式演变发展的分析，总结了两种不同融资方式的特点，然后分析了不同融资方式对公司控制权和治理结构的影响，提出了债权人参与公司治理的显著优势。第二部分介绍了世界各国通过立法为债权人参与公司治理提供了制度保障，同时对具体制度进行分析，为债权人参与公司治理提供了现实依据。

第 4 章　债权人参与公司治理的理论基础。

该章首先通过对状态依存所有权理论、债权代理成本理论、不完备契约理论的分析为债权人参与公司治理寻求理论依据；其次对法人有限责任制度、民法契约保护债权制度进行分析，发现传统的救济手段存在严重的制度缺陷，不利于对债权人的保护。

第 5 章　债权人利益保护的社会基础——从契约到身份的转变。

该章主要讨论了对债权人进行利益保护的社会基础，讨论了社会关系从身份到契约的演变，再经历了从契约到身份的转变。无论是对利益相关者利益的保护，还是对债权人利益的保护，都使得特定身份的人获得了脱离契约层面的利益保障。实际上这种理念有着深刻的社会基础，那就是现代社会“身份—契约—身份”的变革趋势。

第 6 章　企业债务融资与企业价值相关关系的实证分析。

该章通过对中国上市公司 1 700 多个样本进行回归分析，探讨了资产负债率与企业绩效之间的关系，以及企业绩效与企业融资负债率之间的关系，希望通过实证分析，为文章的论点提供依据。

第 7 章　公司债债权人参与公司治理的方式。

该章通过对公司债权人的特点进行分析，提出了其参与公司治理的主体——公司债债权人会议。公司债债权人通过债权人会议集体行使债权人的权利。同时本章提出了参与公司治理的几种途径，包括债权人派生诉讼和公司债受托制度。

第 8 章　银行债权人参与公司治理的具体途径。

该章通过对银行这一企业重要的债权人的特点进行分析，论证了银行债权人有能力也有愿望参与到债务公司治理中，以保证自身债权的安全性。该章通过对德国全能银行制和日本主银行制的分析得出了银行参与公司治理的内在机理，并以此提出银行相机治理的参与模式，具体包括派驻董事监事制度、委托投票制度和债务合同约束作用。

第 9 章　破产债权人会议制度。

该章主要讨论了破产债权人会议制度的性质、内容和各国的主要规定。破产债权人会议制度为世界上多数国家和地区所借鉴，但是由于各个国家和地区均有自己的特殊性，导致破产债权人会议在各国的立法模式上存在诸多差异。从各国破产法中有关破产债权人会议立法模式来看，破产债权人会议的立法主要采用两种立法模式：单轨制立法模式和双轨制立法模式。同时，该章讨论了破产债权人制度设置的依据和基础。

第 10 章　研究结论、局限性与未来展望。

根据以上理论分析、检验结论及债权人参与公司治理途径的构想，总结本书研究结论、启示及论题的局限性，并提出未来进一步研究的方向和思路。

1.3　相关概念界定

1.3.1　公司治理

公司治理（corporate governance）一词最早于 1960 年提出，20 世纪 80 年代“公司治理”作为一个正式的学术概念开始出现在大量理论文献当中。近二十年来，国内外学者对公司治理问题进行了比较深入的研究，出现了丰富的研究成果。虽然“公司治理”一词提出的时间不短，但对于公司治理的概念国内外学者多从不同的角度来诠释其内涵。

1985 年的《英国公司法》对公司治理所下的定义为：公司治理为董事、股东和审计院三方构成的制度。科克伦和沃提克（Cochran and Wartick，1988）在《公司治理——文献回顾》一文中指出，公司治理问题是股东、公司经营者和公司其他利益相关者相互作用中产生的具体问题。公司治理问题的核心是谁从公司决策中受益，谁应该从公司的决策行动中受益。当这两个问题之间存在不一致时，就会出现公司治理问题。可见，科克伦和沃提克是从利益冲突导致公司治理问题这个角度来定义公司治理这个概念的。哈特（Hart，1995）认为，只要一个企业存在两个条件，就存在公司治理问题：一是代理问题，公司成员之间存在利益冲突；二是交易费用很高，代理问题不可能通过合约解决。哈特认为，治理结构能在合约不完全的情况下发挥作用，即如果在合约中没有详细规定，资产的使用权将会由公司的治理结构决定。哈特的观点是从公司治理的作用角度对这一概念进行分析。另外，迈耶（Myer，1995）

从制度安排的角度解释公司治理。他认为公司治理是对公司投资者进行服务的一种制度安排，其中包括企业组织结构、权力分配、员工激励计划、企业战略、市场研究等。斯坦福大学的钱颖一教授支持迈耶的制度安排观点。他在《中国的公司治理结构改革和融资改革》（1995）一文中指出，公司治理是一套制度的集合，这些制度表明了企业重大利害关系群体的关系，包括股东、经理、职工、债权人、供应商等，各个群体从这个制度中实现自己的经济利益。公司的治理结构内容包括：如何进行各部门的权力分配、如何对公司经营者进行监督、如何激励和考核员工、如何制定企业战略等。通常来说，良好的公司治理结构都是利用这些制度来降低代理成本、整合各个群体的利益取向。

1998 年 4 月 27 日至 28 日召开的经济合作与发展组织（OECD）理事会部长级会议制定了一套反映各成员国对公司治理问题看法的非约束性的《公司治理原则》。该原则在总结各种学说和世界公司治理实践的基础上对公司治理这个概念进行了如下定义：

（1）公司治理是一种工商业公司用来进行管理和控制的体系，应明确公司各参与者（如股东、董事会、经理及其他利益相关者）的责任与权限。

（2）公司治理决定了公司的架构，该架构决定了公司的经营目标，也提供了达到这些目标和监控经营的手段。

（3）明确作出公司事务决策时所应遵循的规则和程序。

（4）良好的公司治理应给予董事会及管理层适当的激励。

我国学术界在 20 世纪 90 年代初开始对公司治理问题进行了研究，1993 年党的十四届三中全会通过的《关于建立社会主义市场经济体制若干问题的决定》提出，国有企业要建立现代企业制度，国有企业要建立明晰的产权，形成完善的公司治理结构。我国学者逐渐开始对公司治理的相关问题展开讨论。1999 年，党的十五届四中全会通过的《关于国有企业改革和发展若干重大问题的决定》中指出，公司法人治理结构是公司制的核心，要明确股东会、董事会、监事会和经理层的职责，形成各负其责、协调运转、有效制衡的公司法人治理结构。所有者对企业拥有最终控制权。董事会要维护出资人权益，对股东会负责。董事会对公司的发展目标和重大经营活动作出决策，聘任经营者，并对经营者的业绩进行考核和评价。在这种情况下，我国学术界提出了很多关于公司治理的观点，试图寻找适合我国企业的治理模式以解决我国国有企业在改革过程中出现的问题。

有的学者认为公司治理是一种制衡关系，是一系列制度安排的结果。吴敬琏（1994）认为公司治理是一种制衡关系，所谓的公司治理结构就是由股东会、董事会和企业高级执行者三者组成的一种系统化组织结构。这三者性质不同，各有各的功能但又相互制约，公司治理结构就是明确三者之间的权利、义务和责任。费方域（1996）认为，公司治理的本质就是一系列制度安排，这些制度规定了公司的目标、原则、经营方针、谁拥有剩余权利，明确了各个利益相关者的关系框架。林毅夫（1997）认为，公司治理结构就是指企业所有者对企业的经营进行监督和管理的一整套制度安排。公司治理模式和监督机制是多样的，并且处于不断的变化之中，所以没有一种固定的公司治理模式。但市场环境是可以确定的，市场经济制度、法律法规等相对稳定，所以，可以通过市场实现对公司治理的间接控制或者外部控制。

有的学者从更广阔的角度理解公司治理问题。胡汝银（1997）从利益相关者的角度定义了公司治理。他认为，公司治理结构就是企业经营者为了股东、债权人、供应商、顾客之间的利益而管理和控制公司的一种制度和方法。杨瑞龙、周业安（1998）从“政企合一”的角度分析了公司治理，并提出了“共同治理模式”。他们认为，如果政府是所有者，那么就会产生股东至上的倾向，用行政手段干预经营者的经营行为就会成为企业的治理特点。同时，如果由政府官员行使监督权，就极易导致经营者和监管者合谋而导致监管不力。为了克服这些问题，我国应该选择共同治理模式。李维安（2001）从权力制衡的角度更进了一步。他认为公司治理不是为了制衡而去制衡，而是应该想办法让公司更有效地运行，同时保证各方面的利益相关者的利益。因此，公司治理的目标不是单纯地相互制衡，而是保证公司科学决策和顺利运行。

通过对上述观点的分析我们可以看出，公司治理主要包括两个层面的意思：一是公司治理是公司制度的集合体，通过制度安排使得各利益相关者的利益趋于一致，最大限度地降低代理成本。但是由于各利益相关者的利益函数和相互关系随着时间的推移和市场的变化而变化，所以公司治理制度就是对公司总体目标和各主体的权利义务确定一个框架。二是公司治理结构应该尽量使各利益主体（包括董事、经理、员工、供应商、债权人、顾客等）的责、权、利相一致，并通过约束、激励、监管等机制寻求各利益主体之间的平衡，以实现各主体的利益最大化。随着经济的发展，公司治理的框架逐渐扩展，公司的治理由公司内部人担任走向内部人和外部人共同担任，最后发展成为企业所有者、经营者和利益相关者共同治理公司。

1.3.2 公司债权人的含义和分类

根据民法的基本原理，债是指特定的当事人之间请求为一定给付的民事法律关系。债权是请求他人为一定行为（作为或不作为）的民法上的权利。基于权利义务相对原则，与债权相对的为债务，即必须为一定行为（作为或不作为）的民法上的义务。因此债之关系本质上即为司法上的债权债务关系，债权和债务都不能单独存在，否则即失去意义。早在古罗马时期，当时的法律就对“债”做了明确的界定。《法学阶梯》认为：“债是拘束我们根据国家的法律而为一定给付的法锁”[①]。在这种民事法律关系中，一方享有请求他方为履行给付义务的权利，另一方则有履行债务的义务。可以请求他人为给付的权利为债权，享有债权的当事人为债权人；另一方则为债务人。从古罗马时期到现代债权理论的建立，大致经历了以下三个阶段：第一阶段：同态复仇阶段。人类最初关于债的理念是建立在“以血还血，以牙还牙”这种同态复仇的基础之上，债的清偿有时候甚至是通过债务人的肉体受到惩罚来实现的。例如，在莎士比亚的《威尼斯商人》中夏洛克要求安东尼奥用一磅肉来偿还债务[②]、黄世仁要求杨白劳用喜儿抵债等都是债务人用人身权来偿还财产上的债务的例子，是典型的“同态复仇”的债权理念。第二阶段：无限债权阶段。随着生产力的发展，财产开始有了剩余，人们逐渐认识到已经形成的债务是不能通过伤害对方身体或者限制人身自由来实现，相反，让债务人为债权人进行劳动会比“同态复仇”——伤害对方、给其带来痛苦更有价值。在生产力水平低下的年代，给予经济赔偿或者奴役债务人比原来身体伤残、生存受到极大威胁要好得多，也不会遭到债务人的强烈反抗。同时，债务人必须倾其所有偿还所欠债务。在“同态复仇”这种无限财产责任普遍为债权人和债务人所接受之后，同态复仇的债权逐渐向无限债权过渡，以制度的方式保证了债权的实现，建立了社

① 田江平、米健：《罗马法基础》，102 页，北京，中国政法大学出版社，1987。

② 威尼斯富商安东尼奥为了成全好友巴萨尼奥的婚事，向犹太人高利贷者夏洛克借债。由于安东尼奥贷款给人从不要利息，并帮夏洛克的女儿私奔，怀恨在心的夏洛克乘机报复，佯装也不要利息，但要求若逾期不还要从安东尼奥身上割下一磅肉。

会的信用基础和债权人与债务人之间的信任。第三阶段：有限责任阶段。所谓有限责任即有限清偿责任，指投资人仅以自己投入企业的资本对企业债务承担清偿责任，资不抵债的，其多余部分自然免除的责任形式。有限责任制度的确立源于中世纪欧洲的航海业。随着欧洲的地理大发现，人们通过海洋到达世界各地，但随之而来的是巨大的风险，而有限责任原则减少了投资者的风险。有限责任是社会经济发展的产物，对于近现代公司的发展起着重要的作用。它克服了无限公司股东负担的因公司破产而导致个人破产的风险，便于人们投资入股，是广泛募集社会大量资金、兴办大型企业最有效的手段。真正意义上的股东有限责任原则的最早普遍适用，可以说是从 11 世纪末出现的康孟达开始的。[①]

从债的定义来看，两个主体之间互负债权债务关系，公司债权人与一般债权人都在这个定义的涵盖范围之内，并没有什么不同。公司债权人是指依照法律的规定或合同的约定，对公司享有民法上的债权的自然人、法人或非法人组织。但是由于债务人的主体不同，对债务的偿还能力也不同。一般债务人是以其财产作为担保来偿还债务，公司债务人虽然也会用自身的财产来作为履行债务的保证，但是公司往往可以利用企业法人的独立人格和股东有限责任来逃避债务，妨碍公司债权人利益的实现。在这种情况下，债权人对公司的内部治理没有发表意见的权利，甚至眼睁睁地看着企业进行了损害自身利益的行为却束手无策，承担了公司经营的大量风险，所以从这个角度来说，公司债权人与一般债权人有着很大的不同。

关于公司债权人主体的分类各国学者有不同的标准，但按一般的理论大致可以分为以下五种：

---

① 参见虞政平：《股东有限责任》，59 页，北京，法律出版社，2001。

（1）契约债权人。契约债权人指的是与公司发生契约之债的债权人。契约是以契约主体意思自治[①]为原则，共同达成的意思表示的合意。所以基于意思自治的结果，债权人通过契约主动与公司发生债的关系，是一种主动性的债权，称为契约债权人。比如，企业与供应商签订供货合同，供货商已经提供货物，企业尚未付款，此时，供货商就成为企业的债权人。

（2）侵权债权人。此种债的关系并非出于债权人自愿，而是被动发生的债权，属于意料之外。因为公司在运行的过程中，必然与外界接触，外部人即有可能因公司本身的行为受到损害，从而对公司产生债权，称为侵权债权人。例如，双鹿奶粉事件对当事人造成了很大的伤害，在这种情况下，企业对当事人造成了侵权。

（3）公共利益债权人。这一类债权人是代表社会公共利益的主体。包括对员工薪水的发放、对保险费的上缴、对顾客的利益保护、对环境保护承担的责任、对税收的缴纳，都是社会公共利益债权的一部分。基于公共利益债权而对公司拥有债权的人即为社会债权人，此种债权是基于社会公益而生。例如，美国康菲公司对渤海湾的污染，对我国的公共利益造成了侵害，应该承担相关赔偿责任。

（4）债券债权人。这类债权人是指因购买公司公开发行的债券而对公司享有债权的人。公司债券通常情况下具有有价性、流通性以及可转换性。证券本身可表彰其价值；公司债券可以自由流通，记名债券通过背书转让，无记名债券则以交付转让；公司若发行可转债，则债券持有人可以依照转换办法将债券转换成股票。持有公司债券者均可凭债券对

① 意思自治原则的核心是合同自由原则。其指参加民事活动的当事人在法律允许的范围内享有完全的自由，按照自己的自由意思决定缔结合同关系，为自己设定权利或对他人承担义务，任何机关、组织和个人不得非法干涉。

公司主张清偿的权利，是公司债权人的一种，被称为债券债权人。

（5）商业贷款债权人。商业贷款债权人主要是银行，是指向公司提供贷款，从而对公司享有债权请求权的人。企业通过贷款实现其资金流通、投资等目的。银行贷款是企业融资的一种重要方式，因而银行是企业比较重要的债权人。

根据上述对债权人的分类，我们将第四类和第五类债权人称为企业融资债权人，仅指企业外部提供大量贷款及持有大量债券的资金提供者。从世界经济的发展来看，银行是企业融资的主要对象之一，金融业对工商业发展的支持至关重要。从金融业的发展历史来看，商业银行是商品经济发展到一定阶段从产业部门分离出来的。金融业逐渐成为资本循环的源头，为企业源源不断地提供大量的信贷资金，对产业的发展起着举足轻重的作用。银行需要企业的融资，企业需要银行提供资金，商业银行与工商企业相互联合、相互促进。

除了向银行融资以外，企业发行债券也是一种融资方式。公司债券就是其表现形式，通过发行公司债券，债券发行人和债券持有人之间形成了以还本付息为内容的债权债务关系。本书论述的债权人主要针对的是企业融资债权人，而不是契约债权人、侵权债权人和公共利益债权人，所以本书主要讨论公司债债权人和银行债权人参与公司治理的问题。

1.3.3 股东治理理论与债权人治理理论的主要分歧

债权人治理理论在内涵上与股东治理理论是对立的，由此决定了传统股东理论占主导地位的领域处处受到债权人参与公司治理理论的挑战。债权人治理理论的基础在于随着经济的发展，自有资本在公司发展中的地位逐渐弱化，公司不是由股东一方来出资的，自然也不能由股东一方单独拥有了。股东仅仅拥有了公司的股份而并不是公司本身。

股东至上理论与债权人治理理论的主要分歧有以下几点：

第一，企业所有权归属问题。

股东至上理论认为，公司的成立是以股东投入的物质资本为基础，同时股东承担了企业的剩余风险，所以理应享有企业的剩余控制权和剩余索取权。而利益相关者理论认为，从本质上讲，公司受到多方市场主体的力量影响，不应该仅由股东来主导企业组织制度而其他市场主体不能参与企业组织制度的设立。债权人治理理论认为，债权人为公司的生存和发展提供了资金，为公司作出了特殊的资源贡献，债权人承担的风险有时会大于股东的风险，所以，股东并不是公司唯一的所有者，在剩余索取权和剩余控制权的层面上，债权人理应分一杯羹。

布莱尔（1999）强调，公司股东实际上并不是唯一的企业所有者，因为他们并没有承担理论上的全部风险。言下之意，企业的很多风险是由股东以外的利益相关者来承担的。既然他们承担了风险，就应该获得相应的回报。凯·希尔博斯通（1996）认为，企业的股东仅仅是众多利益相关者中的一员，不仅股东对企业有利益诉求，其他利益相关者同样对企业存在着利益诉求，所以，没有任何理由认为股东的利益诉求理所当然地优于其他利益相关者的利益诉求，公司就理所应当地归股东所有。传统企业理论认为，由于股东是企业的出资人，同时股东承担企业的剩余风险，所以股东有动力来监督企业的经营者对企业的运营情况。但是由于资本市场的发达，股份有限公司的股份极为分散，股东人数众多，众多小股东并不参与公司的内部治理，而是通过用脚投票的方式对公司进行选择，其投机性远超出了投资性。布莱尔（1999）指出，由于各种金融衍生品和金融创新工具的诞生，股东可以通过证券组合的方式降低自身承担的风险，这就降低了他们对公司的正常运营进行监管的动力，所以，传统的股东至上理论已经过时了。债权人治理理论认为既然包括债权人在内的利益相关者向企业投入了专用性资本，那么债权人就理所当然享有企业的剩余索取权和剩余控制权，即企业所有权。公司不是简单的实物资产的集合，而是一种有关专用性投资的制度安排。

第二，剩余索取权和剩余控制权分配问题。

早期的企业理论是根据剩余索取权和剩余控制权来定义企业的所有权的，企业在扣除固定工资、供应商货款、债务利息等项目之后，剩下的才是企业的纯收入。但企业的剩余并不是固定的，也不是由合同进行保证的，因此谁拥有企业的剩余、谁承担企业的风险，谁就是企业的所有者。格罗斯曼和哈特（Grossman and Hart，1986）认为，当一方当事人想要获得另一方当事人的资产特有权时，如果要他一一列出所有的权利则成本会十分高昂，最好的办法就是他购买除了契约约定之外的所有权利。[①] 可见，格罗斯曼和哈特将企业的所有权定义为契约约定之外的权利，也就是剩余控制权。一般来说，基于企业契约的不完全性，可将企业的剩余索取权和剩余控制权看作企业所有权。

由于企业面对的市场环境、经济形势、人员变化、产业趋势等情形不一而足，时刻处于变化之中，企业面临的是一个不确定的未来，所以，企业的契约不可能通过固定的收益来分配所有参与者的收入，其中一定会存在剩余索取权；同时，当契约不可能明确所有参与者的权利与义务时，就出现了剩余控制权。这时，就需要一个或多个群体来享有剩余索取权并实施剩余控制权。换句话说，企业的契约不可能规定所有参

---

① See Grossman, Sanford and Olive Hart, "The Cost and Benefits of Ownership: A Theory of Vertical and Lateral Integration," *Journal of Political Economy*, 1994: 691-719.

与者的收入都是固定的，也不可能规定所有参与者都不拥有剩余控制权。[①] 企业要想达到效率最大化就必须将企业的剩余权利分配妥当，同时保证剩余索取权和剩余控制权的同时拥有。如果缺乏剩余控制权，那么剩余索取权就不可能被完全实现，很可能沦为一句空话；如果缺乏剩余索取权，那么剩余控制权必将因为缺乏动力而遭到削弱。只有两者分布对称、达到权责利相统一的状态，才能使企业的各参与者有动力以最高的效率和最大化的价值进行企业运营。所以，企业剩余权利对称分布的观点已经成为学界的共识，但是关于企业剩余权利的归属和分布，学者们的分歧很大。

股权治理理论认为企业的剩余权利应该对称地分布在企业的物力资本所有者身上。张维迎（1996）认为，物力资本与所有者是可以分离的，这样，物力资本就会成为一种“抵押品”，所有者难以退出企业，而且并不需要监督。正是这种可分性使得企业的剩余权应该在“风险承担者”和“风险制造者”之间集中对称分配。按照这种逻辑，债权本身也是一种物力资本，也是与债权人相分离的一种抵押品，而且这种抵押品能否实现完全取决于被抵押企业的经营状况，所以按照股权治理理论的逻辑，剩余索取权和剩余控制权理应由债权人这个风险承担者来分配。如果以此推论，企业的剩余权利就应该分布于企业的众多利益相关者之中。所以，利益相关者理论认为，企业的剩余权利应该非均衡但对称地分布在各个利益相关者身上。杨瑞龙（1997）认为，企业剩余权利的分散对称分布是现代企业产权关系的内在要求，因为无论企业剩余权利集中分配到哪一方都意味着至少有一方的权利被剥夺。同时，在现实中，企业剩余权利的集中分布也仅仅存在于极端情况，一般情况都是企

---

① 参见张维迎：《所有权、治理结构及委托—代理关系：兼评崔之元和周其仁的一些观点》，载《经济研究》，1996（9）。

业剩余权利对称分布于各个利益相关者之间，至于每个利益主体能分多少就取决于他自身的谈判能力了。例如，如果股权融资是企业的主要融资方式，那么企业债权人的话语权就不算强，但如果债权融资是企业的主要融资方式，那么企业的大债权人在债务公司面前的话语权就增强了。在这种情况下，大债权人完全有可能参与到企业的内部治理中而不由企业本身的喜好决定。例如，在日本的主银行制下，银行作为债权人具有很强的话语权，甚至通过“债权股”成为公司的大股东，成为公司治理的重要参与者。事实上，公司的各利益主体之间不断的博弈过程就是争取企业剩余权利的过程，初始合约可能通过调整，使剩余索取权和剩余控制权由集中走向分散。

第三，公司治理主体的范围问题。

在股权逻辑下，股东是公司治理的天然主体，即使在所有权与经营权两权分离的情况下，经营者也是受股东的委托对企业进行管理，而企业运营的目的依然是股东利益最大化。所以，从股权逻辑出发，任何公司治理结构的形成、制度的设计都要围绕如何保障股东的利益及如何实现股东的盈利。在这样的逻辑下，以债权人为代表的利益相关者的利益是被契约固化在公司治理结构之外的。

但是，债权人治理理论认为，企业的目标并不是股东利益最大化，而是企业自身利益最大化。只有保证企业利益最大化，才能保证企业的股东和其他利益相关者的利益。弗里曼和埃文（Freeman and Evan，1990）指出，企业是所有利益相关者之间的契约集合，这些契约连接了企业不同资源的投入者，每一个契约的参与者都向公司提供了特殊的资本，理所当然地应该受到平等的对待，这样才能保证各个利益主体的利益不受侵害。债权就是债权人与企业签订的融资契约，是企业的一种重要的融资方式。债权本身对公司所起的作用、债权人与公司的关联度、债权人对公司的关心程度等各方面与股东相比也绝对不差。债权人和股权人是契约的主体，而企业作为各利益相关者之间的契约枢纽，其剩余权利的安排是各个利益主体博弈的结果，不存在某一方的利益就天然地优于其他方，契约各方在获利机会上应该是平等的。所以，债权人治理理论认为，债权人理应成为公司内部治理的主体。同时，事实上，公司治理效果直接影响到债权人的利益实现问题。因为契约本身也存在不能被实现的风险，这种风险存在的前提就是公司治理效果较差，不能实现对未来的收益预期，所以，从这个角度来说，债权人介入公司内部治理、成为公司治理的主体也就名正言顺了。

同时，利益相关者理论认为，利益相关者应该依据向企业投入的不同资源的特点参与企业剩余权利的分配，其标准有两个：第一，根据利益主体投入的资源价值，利用契约约定剩余索取权的分配；第二，通过分享企业的剩余控制权与其他利益主体进行博弈。从这两点出发，股东投入了初始资本，债权人投入了大量融资资本，构成了专用性资产。企业的主要债权人完全可以通过初始契约的签订参与企业剩余索取权的分配，同时，债权人也可以通过与企业讨价还价分享企业的控制权。毫无疑问，股东、债权人都是企业专用性资产的主要投入者，应该成为企业治理的主体。

1.4 研究方法

1.4.1 实证研究与规范研究相结合

在本书研究债权人参与公司治理的必要性的过程中，采用了规范研究与实证研究相结合的方法。在规范研究中，在文献综述的基础上，结合前人的研究成果，在理论层面上分析了债权人参与公司治理的理论根据和积极意义，并通过对公司治理现状的分析归纳出债权人参与公司治理已经是一种趋势，为后文的统计模型构建提供了理论基础；在确立了统计模型后，利用搜集的上市公司样本数据，展开了一系列实证研究，探寻了公司治理视角下的资本结构与公司绩效之间的关联性，以达到证明债权人参与公司治理的必要性的目的。

1.4.2 比较分析研究法

本书描述了企业融资模式的历史轨迹，并对世界范围内两种融资模式以及再融资模式基础之上产生的公司治理模式进行了深入的比较研究。首先，本书对企业不同的融资模式——银行主导型模式和市场主导型模式进行了比较，分析了两者产生的原因和其运作背后的制度差异。其次，本书以美国、英国、日本、德国为代表，对不同融资模式下企业的内部治理结构进行了比较，从而总结出债权人在不同融资模式的企业中地位的差异。最后，本书对不同国家关于债权人参与公司治理的制度保障进行了比较，通过对两大法系的立法比较，总结出债权人参与公司治理的法律基础。

1.4.3 跨学科研究法

本书的研究内容涉及多学科的知识。为了构建一个完整的债权人参与公司治理的分析框架，本书运用管理学中关于公司治理的基础理论论证了债权人参与公司治理的理论依据；通过对企业财务指标的分析，运用统计学的方法证明了债权人参与公司治理的现实必要性；通过对法学理论的分析为债权人参与公司治理提供了制度保障。所以，本书结合了管理学、统计学、法学等多学科的知识对债权人参与公司治理进行分析。

1.5 论文创新点

本书的主要特色和创新点体现在以下几个方面：

（1）从理论上进行了突破。本书突破传统的股权治理的公司治理模式，通过引入利益相关者理论和状态依存所有权理论，驳斥了公司治理的股权逻辑，首次提出债权人参与公司内部治理问题并进行了系统阐述。之前的理论都只涉及外部治理，包括契约、规定资本用途、过程检查等方式。但是按照利益相关者理论，债权人是企业的重要利益相关者，并且企业在经营不善的情况下，所有权应该归债权人所有，债权人和股东地位应该平等，债权人也同样有参与内部治理的必要性。但是，正如股东主导逻辑也不是所有股东都参与内部治理一样，债权人参与治理也要有界限，如债务比重达到一定程度的企业，第一位、第二位单一债权人可参与。现有董事会由股东代表、高管代表和独立董事组成，应该增加债权人代表。监事会由股东代表和职工组成，也缺少债权人代表。所以，本书从理论上进行了突破，系统论证了债权人参与公司内部治理的必要性。

（2）本书提出的债权人参与公司内部治理理论具有很大的现实意义。无论是英美等发达国家还是日本、韩国、德国等后发国家，都不同程度地存在着“借鸡生蛋”导致经济危机的情况，尤其是 2008 年的次贷危机影响全球，就足以证明在股权治理的逻辑之下，债权人只能参与公司的外部治理，而不能对企业的经营进行内部参与和监督，因而这种模式导致了严重的危机。在这种情况下，债权人的风险远远大于股东的风险。本书结合中国国外债务危机和国内高利贷危机来讨论，具有很大的现实意义。同时，本书通过对企业融资方式的研究，论述了两种截然不同的企业融资模式，并且对企业融资模式的历史演变进行分析，证明了债权融资已经成为世界范围内企业融资的重要方式。基于此，债权人的地位已经提高到和股东一样，甚至债权人对公司发展的作用已经超越了股东对公司发展的作用，所以，债权人有必要参与到债务人公司的内部治理之中。

（3）关于公司治理理论，经济学、法学、管理学分别从不同角度对此问题进行了研究。鉴于笔者的法学背景，本书引入了法学的相关理论，从法学的角度对公司治理这一问题进行了深入的分析，同时结合管理学相关领域的研究内容，使两者得到了很好的结合。本书通过对公司法人制度和现行法律体系的分析，同时通过比较债权和物权在法律上的保护的不同，提出现行民法制度对债权人保护不力，公司法人制度也成为债务人逃避债务的手段之一。基于此，本书提出了债权人参与公司治理不仅要在市场层面得到认同，也需要现行的法律制度进行改变，增加对债权人的保护。

（4）本书通过对中国上市公司的负债结构与企业绩效进行回归，得出了负债率越高、企业绩效越低的实证结论。中国企业通过债权融资反而绩效越来越低，加上中国企业和法律制度并没有让债权人参与到公司治理的层面中来，债权人的利益不仅没有得到很好的保障，债权人的债权还处于不安全状态，所以，债权人参与公司治理是十分有必要的。

（5）本书通过对企业融资债权人进行区分，分别论述了公司债债权人和银行债权人参与公司治理的途径和方式。通过对不同债权人性质的分析，本书提出了有针对性的参与方式。

第2章 文献综述

2.1 公司治理理论的发展：利益相关者理论及债权人治理问题的提出

2.1.1 利益相关者的界定

利益相关者有广义概念和狭义概念，广义概念包括股东在内的所有与企业有利益关系的参与方，狭义概念是除了股东之外的公司利益参与方。本书研究的利益相关者仅仅为狭义的概念。利益相关者（stakeholder）是与股东（stockholder）相对应的概念。20世纪30年代，美国的多德教授率先指出，公司应该对企业员工、消费者和社区承担社会责任，虽然这些社会责任并没有以法律的形式予以规定，但是这应该成为公司经营者恪守的职业道德。[①] 这种观点动摇了公司董事只是股东的受托人，只对股东利益负责的传统观念。1963 年，“利益相关者”一词首先由斯坦福大学的一个研究小组提出，特指那些没有他们企业就不存在的组织群体，包括股东、员工、经理、顾客、供应商、债权人甚至企业所在的社区。埃里克·伦曼（Eric Renman）和伊戈尔·安索夫（Igor Ansoff）的研究奠定了利益相关者理论，此后，弗里曼（Freeman）、唐纳森（Donaldson）、克拉克森（Clarkson）、琼斯（Jones）、科林斯（Collins）、布莱尔、米切尔（Mitchell）等学者都对利益相关者理论进行了深入的研究，使利益相关者理论形成了比较完善的框架。

自利益相关者的第一个概念出现至今，有关利益相关者概念的表述很多。米切尔等人将近 30 种“利益相关者”定义归纳为 27 种，笔者对之进行了总结，见表 2—1。[②]

国内学者关于利益相关者的研究始于 20 世纪 90 年代。贾生华、陈宏辉认为利益相关者是指那些在企业中进行了一定的专用性投资并承担了一定风险的个体和群体，其活动能够影响企业目标的实现或者受到该企业实现其目标过程的影响。[③] 这一概念既强调了专用性投资，又强调了利益相关者与企业的关联性，可以说是利益相关者定义的经典表述。

2.1.2 从“股东治理”到“利益相关者共同治理”

对于公司治理结构，存在两种不同的观点：股东治理和利益相关者共同治理。股东治理理论源自新古典经济学利润最大化的价值观，认为

---

① See Dodd, E. Mernick, “For Whom Corporate Managers Are Trustees,” *Harvard Law Review*, 1932 (5).

② 参见杨瑞龙、周业安：《企业的利益相关者理论及其应用》，129～130 页，北京，经济科学出版社，2000。

③ 参见贾生华、陈宏辉：《利益相关者的界定方法述评》，载《外国经济管理》，2002 (5)。

公司是股东的财产，股东享有公司全部的剩余索取权，公司管理者是股东的信托人，作为公司经营目标的财富最大化就是保证股东收益的最大化。施赖弗和维什尼（1998）将公司治理结构定义为“公司融资者确保投资收益的诸种方式”。

国内关于利益相关者共同治理的研究成果始于20世纪90年代。杨瑞龙（1997）对比了“资本雇用劳动”和“劳动管理型”两种企业，通过对收入分配、联合生产等方面的研究，论证了利益相关者和股东共同治理企业的优越性。李维安（1998）认为利益相关者的外部治理机制是公司治理机制的不可缺少的重要方面。崔之元（1996）认为，美国29个州修改公司法，要求利益相关者参与到公司的内部治理之中以制衡股东这一事实充分表明了这是对私有制逻辑的突破。

表2—1　　关于利益相关者定义的不同观点

来源	观点
斯坦福大学研究所（1963）	没有利益相关者的支持，组织就不能生存
雷恩曼（1964）	利益相关者依靠企业实现个人目标，企业也依靠他们来生存
瑞德、弗里曼、吉尔伯特（1983—1987）	利益相关者能够影响一个企业目标的实现，是组织为了实现目标必须依赖的组织
科奈尔和夏皮罗（1987）	利益相关者是那些与企业有合约关系的要求权人
伊万（1988）	利益相关者在企业中有一笔“赌注”（stake），对该企业有要求权
阿尔卡法奇（1989）	利益相关者是公司对其负有责任的人
卡罗（1989）	利益相关者能以所有权或法律的名义对公司资产或财产行使收益权
斯威齐（1991）	利益相关者的利益受组织活动的影响，并且他们也有能力影响组织的活动
黑尔和琼斯（1992）	利益相关者是指这样一些团体，他们对企业有合法的要求权；他们通过一个交换关系的存在而建立起来，即他们向企业提供关键性资源，以换取其个人利益目标的满足
威克斯（1994）	利益相关者是与公司相关联，并赋予公司以意义的人

续前表

来源	观点
朗特雷（1994）	企业应对利益相关者的福利承担明显的责任，或者利益相关者对企业有道德或法律上的要求权
唐纳森和普雷斯顿（1995）	利益相关者是那些在公司活动过程中及对活动本身有合法利益的人或团体
克拉克森（1994）	利益相关者是指对于公司及其过去、现在或未来的活动享有或者主张所有权、权利或者利益的自然人或社会团体。这种被主张的权利或者利益源于权利主体或利益主体与公司之间的经营活动，或者公司实施的行为。这种权利或者利益可以是法律意义上的，也可以是道德意义上的；既可以是个体性的，也可以是集体性的。具有类似利益、请求或权利的公司的利害关系人可以划入同一群体：职工、股东和客户等等
玛格丽特·M·布莱尔	利益相关者是所有那些向企业贡献了专用性资产，以及作为既成结果已经作出风险投资的人或集团

实践中，在美国以宾夕法尼亚州为代表的美国公司法改革中，各州纷纷修改公司法，增加“利益相关者条款”，进一步从立法上承认了利益相关者在公司治理中的存在和参与。我国在2005年新修订的《公司法》中，也增加了利益相关者条款。世界各国许多组织都对公司治理问题进行了深入的研究，对利益相关者的利益给予了更高的关注，如《OECD公司治理原则》、英国《卡德伯利报告》、《格林伯利报告》(Greenbury Report)、《哈姆佩尔报告》(Hampel Report)、美国《商业圆桌会议公司治理声明》、《公司治理结构的原则：分析与建议》、韩国《公司治理最佳实务准则》、中国《上市公司治理准则》等都对利益相关者参与公司治理问题作出了规定。

由此可见，在公司治理中存在着为数众多且利益各不相同的相关者。无论在理论上如何界定公司治理的目标，现实中的公司治理结构都不是也不应是单纯以股东为主导的单边结构，而是一种各利益相关方共同参与的多边治理结构。

2.1.3 债权人治理问题的提出——债权人是核心利益相关者

界定出企业的利益相关者后，对众多的利益相关者进行分类是至关重要的。唐纳森曾指出，如果公司将所有与之有关的人员或组织都作为利益相关者，结果很可能是把目标差异很大或者要求较差的群体结合在一起，这将会是一场灾难。① 虽然利益相关者的支持是企业生存和发展的保障，但不同类型的利益相关者对于企业的利益诉求、对企业活动的依赖以及受到企业活动影响的程度是不一样的，所以，必须对利益相关者进行细分和排序，只有这样才能确定哪些利益相关者更容易受到公司的影响，更有资格进入公司治理的层面，行使自己的权利。

弗里曼（1984）从三个不同的角度对利益相关者进行了分类，即所有权（ownership）、经济依赖性（economic dependence）和社会利益性（social interest）。弗里曼认为，所有持有公司股票的经理人员、董事和其他人都属于对企业拥有所有权的利益相关者；债权人、消费者、供应商、社区和所有在公司领取薪酬的经理、雇员等群体都属于与企业有经济依赖关系的利益相关者；与公司在社会利益上有关系的利益相关者群体包括特殊群体、政府领导人和媒体等。弗雷德里克（Frederick，1988）认为利益相关者存在着直接利益相关者和间接利益相关者的分类。其中，与企业直接进行市场交易的群体，包括股东、员工、经理、债权人、供应商、消费者等都是直接利益相关者；而与企业发生非市场交易关系的群体，包括政府、社会团体、媒体、社区等都属于间接利益相关者。② 我国学者对利益相关者的分类，从产权角度来划分，可分为

① 参见唐纳森：《有约束力的关系——对企业伦理学的一种社会契约论的研究》，上海，上海社会科学院出版社，2001。

② 参见寇小营：《企业营销中的伦理问题研究》，天津，天津人民出版社，2001。

产权利益相关者（股东、经营者、债权人、员工等）和非产权利益相关者（供应商、顾客、政府、社区）。[①] 但这些分类方法并没有对众多利益相关者进行排序，也没有明确哪些利益相关者能够参与到公司治理的层面上来，以及参与的程度如何。

米切尔把对利益相关者的界定与分类结合起来，提出了评分法（score-based approach）。他从三个角度区分了利益相关者，其中包括：影响力（power），即是否具有影响企业决策的能力和地位；合法性（legitimacy），即是否具有法律所赋予的对企业的要求权；紧迫性（urgency），即其要求是否能引起企业高层的关注。其中债权人拥有法律上所赋予的对企业的要求权，债权人的意见能够引起企业高层的关注并在一定程度上能够影响甚至参与到企业的决策过程之中，是仅次于股东和雇员的公司重要的利益相关者。

国内学者陈宏辉（2004）也提出了核心利益相关者概念，认为企业的股东、管理者和员工这三类人员与企业的关系最为密切，应将他们视作企业的核心利益相关者而给予着重研究。[②] 参见邓汉慧、张子刚（2006）等也支持核心利益相关者理论。[③] 这种理论把利益相关者分为三类：第一类为核心利益相关者，主要包括企业经营者、股东、债权人以及员工，他们与企业关系最为密切；第二类为中间利益相关者，主要包括证券监管机构、政府、供应商、顾客以及所在社区，这类群体会对企业的生产经营产生一定的影响，企业的行为在很大程度上也受这类利益相关者的制约；第三类为边缘利益相关者，包括除前两类以外的其他所有群体，这部分群体不易受到企业变化的波动，对企业的影响也最

① 参见江若尘：《企业利益相关者问题的实证研究》，载《中国工业经济》，2006（10）。
② 参见陈宏辉：《利益相关者利益要求：理论与实证研究》，北京，经济出版社，2004。
③ 参见邓汉慧、张子刚：《企业核心利益相关者共同治理模式》，载《科研管理》，2006（1）。

小。而债权人属于第一类利益相关者。

利益相关者理论强调公司的治理不能仅仅由股东和经营者来把控，利益相关者也应该参与其中，为自身的利益谋求保障。这种理论的实质就是将利益相关者纳入到企业所有者的范围之中，利益相关者以所有者的身份理所应当地参与到公司的内部治理之中，这样做对于其利益是最好的保护。在众多的利益相关者之中，为企业的生存和发展提供资金支持的债权人是当之无愧的利益相关者，公司内部监督又是公司治理的重要部分，这两个前提就意味着债权人参与公司内部治理是利益相关者参与公司治理的一个“子课题”，也为债权人参与公司治理寻求到了理论依据。然而，债权人如何在共同治理的机制下有效地参与公司治理，保障自己债权的实现，是当前公司治理研究的前沿课题，也是本书研究的目标。

2.2　关于身份和契约的基本理论

“从身份到契约”是其中最著名的命题。梅因[①]在《古代法》中谈到，法典或成文法[②]的出现对人类从野蛮到文明的过渡至关重要。几乎每一个古代文明都出现过法典，但其中绝大多数社会在有了法典以后就很少有变动的愿望，于是在此情况下法律成为限制社会进步的因素。用梅因的话说就是，世界有物质文明，但不是文明发展法律，而是法律限制着文明。但在极少数例子中，法律在不断变化，而且在变得越来越

① 梅因，全名为亨利·詹姆斯·萨姆那·梅因，19 世纪英国著名的法律史学家，历史法学派在英国的代表人物，晚期历史法学派的集大成者。因其著作《古代法》而被西方学者公认为英国历史法学的创始人，在西方法学界影响颇大。梅因的《古代法》出版后，很快便成为欧美法学界普遍研究的经典之作。

② 成文法主要是指国家机关根据法定程序制定发布的具体系统的法律文件。成文法是“不成文法”的对称。因而，成文法是指国家机关依立法程序制定的、以规范性文件的形式表现出来的法。我国的宪法、普通法律、行政法规、规章、地方性法规都是成文法。

好。梅因认为在此社会中社会的需要与意见或多或少走在“法律”的前面。人们可以接近它们的缺口结合处，但永远存在的趋向是把这缺口重新打开，因为法律是稳定的，社会是进步的，人民幸福的大小则取决于缺口缩小的快慢程度。梅因所说的个别越来越好的例子就是罗马。而他所说的“从身份到契约”则是罗马社会乃至整个人类社会进步的重要标志，也是贯穿其中的主要内容或主线。梅因认为在“人法”中所提到的一切形式的“身份”都起源于古代属于“家族”所有的权力与特权，并且在某种程度上，到现在仍旧带有这种色彩。因此，如果我们依照最优秀著者的用法，把“身份”这个名词用来仅仅表示这样一些人格状态，并避免把这个词适用于作为合意的直接或间接结果的那种状态，则我们可以说，所有进步社会的运动，到此处为止，是一个“从身份到契约”的运动。

梅因还谈到在家庭等身份关系中人受外在因素支配，本身不具有为自己利益作出决定的能力，亦即他们缺乏用“契约”达到定约的必要条件。我们记得康德在谈到什么是启蒙时说启蒙就是提倡人自己的事情自己作出决断，而蒙昧就是缺乏这样的决断能力。可见他们指称的是同一个过程。而韦尔斯在《世界史纲》中说人类历史上存在着两种共同体，一种是基于同意的共同体，一种是强制的共同体，也引入了约定与合意的概念。我们可以把这些论述联系起来理解。

从梅因的观点看，身份是对人格状态的一种限定，它标志着人处于外在关系的制约之中或强制之下，自己没有自主个性和独立决定权，因而既没有自由，也无所谓平等。而契约则是独立个人间的自主约定或合意行为。按罗马法[①]的定义，“一项契约是两个或更多的人之间就契约

---

① 罗马法，一般泛指罗马奴隶制国家法律的总称，存在于罗马奴隶制国家的整个历史时期。它既包括自罗马国家产生至西罗马帝国灭亡时期的法律，也包括公元7世纪中叶以前东罗马帝国的法律。

规定的作为所导致的同一效果达成意思合致的协议”。这种当事人达成的意思合致或意见一致是双方契约的基础。合意不仅意味着双方同意，而且体现人与人之间的平等关系而非强制关系，因为约定是个人自己自觉、自愿和自主作出的。因此，契约也是一种人格的状态，一种有别于特权、强制的状态，即个人在事关自己的事情上有自我决定能力的状态。因此，从身份到契约既是社会的进步，也是个人的进步，个人从各种禁锢包括家庭、血缘、宗法、地域、阶级、等级、传统、习俗和性奴役中解放出来，成为自主、自为从而自由的个人。这个过程从世界史的角度看与从传统到现代的转变是一致的。当然，在西方这个过程开始得更早些。然而，对契约的自由也不必过分美化。个人虽然从种种禁锢中解放出来，但并非天马行空，独往独来。他仍然生活在社会之中，与其他人发生关系，对社会负有义务，对家庭负有责任，即有所为有所不能为。但在契约社会所有的约束都是一种自由合意的行为，即经过个人的认可与同意。个人承诺接受一定的约束，承担一定的义务，同时也取得一定的权利，保证一定的利益。这是双向的和互惠的过程。在此过程中他尽可使自己的能力、个性得到发展。大家都这样做了，社会的自由乃至进步也就在其中实现了。这里描述的是理想情况，其实，在形式平等的过程中常常包含许多内容的不平等。但在任何方面都实现平等无异于天方夜谭，而形式上的平等至少比形式上的不平等好得多，因为它为人的能力发展乃至以后更充分的自由平等开辟了道路与创造了条件，比之更好更现实的途径迄今还没有发现。

从西方历史的角度看，基于合意或同意的契约一直有着重要的作用。在罗马法中，契约精神主要体现在三个方面：第一，个人与家族、与社会的关系表现为一个从身份到契约的发展过程。过去，家族血缘关系是基本的社会关系，个人不过是家族中的一分子，本身并无多少独立权利可言。家父对子女的生命财产有生杀予夺之权，甚至可以把子女出卖三次。但随着商品经济的发展和个性意识的崛起，古罗马原有的血缘关系逐渐松动。帝国时期家父权受到很大限制，主人对奴隶、男人对女人的束缚也渐渐放松，直至在法律上享受平等的权利。其特点是家族依附的逐渐消灭以及代之而起的个人义务的增长。个人不断地代替了家族，成为民事法律所考虑的单位。第二，在经济方面契约精神表现为契约自由与完备的契约法的出现。早期罗马契约简单且有强制性，后来逐渐发展为口头契约、文书契约、要物契约和诺成契约四种形式。这些形式在现代社会仍有重要作用。第三，在政治方面契约精神表现为统治者与被统治者之间合意的权利与义务关系。如西塞罗在《法律篇》中谈到，法是正义与非正义事物之间的界限，是自然与一切最原始的和最古老的事物之间达成的一种契约。法律当然是为了平民的安全、维护国家和人类生活的安宁和幸福创造的。

《圣经》中也常说到上帝与人立约，如著名的“西奈山之约”①。基督下凡，代人赎罪，人信仰基督就是上帝，这也是神人之约。这个思想对西方的历史与文化均有重大影响。早在古希腊就有法是合意行为以及国家起源于社会契约的思想。古雅典的城邦民主制本身即带有契约色彩，这种制度在古代的其他地方的确没有出现，从此角度看，韦尔斯的说法不是没有根据。但从身份到契约的真正转变是在古罗马特别是帝国时期完成的，如奴隶制的废除、家族权的衰微等，罗马法的进步则是这一转变的结晶和集中表现。当然，至近代随着市民经济和资本主义的兴起，契约精神才成为压倒性力量，并随着现代化运动的发展而走向世界。

然而，与社会“从身份到契约”的变革相一致，人类实现了由传统

---

① 西奈山之约：神带领以色列人离开埃及后，与他们立约，他要永远做他们的神，他们要永远做他的子民。

的非法治社会向近现代法治社会的转变。而面对契约社会自身难以调和的矛盾，人们开始对契约社会进行矫正的探索。可以说从契约到身份是对契约社会的进一步矫正，是为了让契约社会的公平正义价值得到真正的实现，是对契约社会自身缺陷的弥补。社会法的规范理念为“从契约到身份”的变革提供了理论基础。

2.3 债权人治理产生的背景——企业的融资模式研究

格利和约翰（Gurley and John，1967）根据储蓄与投资的关系将企业的融资模式区分为内源融资和外源融资。所谓内源融资，就是企业在设立过程中的初始投入和企业剩余价值资本化，其中包括初始投资、股本、折旧和企业留存收益；外源融资是指企业通过一定方式向企业之外的经济主体进行融资的活动，包括上市发行股票、发行债券、银行贷款、融资租赁甚至企业间相互拆借等。虽然很多企业在生存和发展阶段都选择内源融资的方式，但是这种方式与金融市场并没有什么关系，所以也就没有成为企业的主要融资方式。影响一国企业融资模式的主要方面是外源融资，而金融市场和金融机构的比较优势分别体现在直接融资和间接融资上。

2.3.1 两种典型的融资模式

现实中，尽管世界各国具有不同的融资模式，但从直观上看，世界各国目前存在着两种截然不同的融资模式：一种是以美国、英国等国为代表的市场主导型直接融资模式，一种是以德国、日本为代表的银行主导型间接融资模式。前者以资本市场作为金融资源配置的基础，后者以商业银行作为融资模式的核心。对这两种融资模式也有不同的表述方式，格申克龙（Gerschenkron，1962）是最早对企业融资模式进行这样分类的经济学家。他对英国经济和欧洲大陆经济的发展方式做了对比，发现英国存在着以股票市场为基础的融资模式，企业都在资本市场寻求资金，而法国、德国等欧洲大陆国家的商业银行则在企业融资中起到了举足轻重的作用。[①] 青木昌彦（1994）以股票市场和商业银行在公司融资、监控和治理中的相对地位为标准，认为世界上主要存在着以股票市场为基础的盎格鲁—美洲融资模式和以商业银行为基础的日德模式。

以美国和英国为代表的市场主导型直接融资模式的主要特点是：企业股权分散、机构投资者持股比例较高、上市公司信息披露的要求很高、股东利益最大化被认为是企业的经营原则。英美等国企业的股权都被广泛的机构投资者和个人投资者持有，其中共同基金、养老基金、保险公司等机构投资者掌握了大量社会财富从而进行着管理和运作。而在日本和德国，银行比股票市场发挥着重要得多的作用。德国的资本市场发展水平滞后于其经济的发达程度，但是德国的银行体系却是强大而健全的，德国的银行体系保障了其在过去几十年里取得了快速经济发展，德国商业银行、德意志银行和德累斯顿银行被誉为“德国银行三巨头”。三巨头拥有上市公司大量的股票，它们在企业的内部治理中具有十分强大的影响力，董事会都要看它们的脸色行事。日本的商业银行通过债权取得债务公司的控制权，它们一般不干预企业的运营，只有在债务人出现财务危机时才出面干预企业的内部治理。青木昌彦用博弈论对美国、日本和德国的公司治理系统进行了经济学的比较分析。他指出，日本公司的经营者已不单纯是股东的代理人，而是处于股东和职工的中立位置，发挥着类似于“裁判员”的作用。[②]

---

① See Alexander，Gerschenkron，*Economic Backwardness in Historical Perspective*：*A Book of Essays*，Harvard University Press，1962.

② 参见青木昌彦：《现代企业》，东京，日本岩波书店，1984。

2.3.2　对两种融资模式的评价总结

对于不同的融资模式，学者的态度并不一致。支持市场主导型直接融资模式的经济学家强调资本市场在促进经济发展方面的积极作用。他们认为，资本市场能够促进企业经营范围多元化、促进投资者资产组合化、对企业经营者进行有力的监督和鞭策。但银行主导型间接融资模式的缺陷是明显的。首先，商业银行获取企业信息的成本很高，银行必须从企业中获得更高的收益来进行弥补，银行贷款给企业，就必然要从企业的项目收入中分走一大部分，这就降低了企业从事项目投资的积极性，尤其是高风险、高收益的项目。[①] 其次，为保证贷款及时回收，银行一般不会同意企业实行高风险、高收益的项目，它们更倾向于规避风险，这就会影响企业的创新能力和增长水平。[②] 最后，债务企业的经营者有可能与银行合谋侵害股东的利益，或者经营者与银行联合抵制竞争者，这会妨碍市场经济的正常竞争秩序。[③] 拿日本的主银行制来说，庞德良（1998）认为，日本企业中的相互持股和银行主导机制的各种功能在经营环境发生变化的时候出现衰退，对日本公司治理结构的重塑已经成为趋势，日本企业应该建立包括股东、债权人、员工、社区在内的多元化共同治理机制。[④] 包小忠分析了日本企业融资模式和企业经营者的选拔、监控和激励之间的关系。他认为日本企业的融资模式降低了公司的运营效率，企业相互持股的制度应该逐渐消除，日本企业的融资模式

---

① See Rajan, Raghuram, "Insiders and Outsiders: The Choice Between Informed and Arms-Length Debt," *Journal of Finance*, 1992, 47 (4): 1367—1400.

② See Morck, Randall and Masao Nakkamura, "Banks and Corporate Control in Japan," *Journal of Finance*, 1999 (54): 319-340.

③ See Hellwig, Martin, " On the Economics and Politics of Corporate Finance and Corporate Control," Working Paper of University of Mannheim, 1998.

④ 参见庞德良：《论日本法人相互持股制度与公司治理结构》，载《世界经济》，1998 (12)。

和治理结构应该向英美国家学习。[①]

但是，赞成银行主导型融资模式的经济学家认为商业银行善于发掘投资项目、监管债务企业、动员金融资源，这些因素对企业的经营发展具有重要作用。[②] 同时，市场主导型融资模式的缺陷是十分明显的。比如，尽管高度发达的股票市场可以快速地披露和消化有用信息，但这也会降低个人投资者获取信息的积极性，从而影响股票市场的有效性，因此，发达的股票市场会削弱投资者辨识创新性投资项目的积极性，阻碍股票市场发挥资源有效配置的功能。[③] 此外，资本市场的流动性很大，极容易造成企业的短期行为，投资者可以通过股票市场轻易地出售手中的股票，“用脚投票”机制使得投资者缺乏对上市公司监管的热情，因此，发达的股票市场会削弱股东对公司的控制，降低一国的综合竞争力。[④] 拉詹和津加莱斯（1999）提出，在多数情况下，银行比市场更有优势，尤其在市场经济不成熟、法律制度不健全的国家，银行有能力要求债务人披露信息并偿还债务，而股东很可能无能为力。

日本的主银行制是典型的银行主导型融资模式。田村义则认为，日本企业的经营者具有很高的经营自主权，他们可以不必担心来自资本市场的压力，但是他们受到了主银行相机治理的制约和监督。李响分析了英美企业与日本企业治理结构的不同，他认为企业治理结构与其融资方式存在着密不可分的关系，日本的主银行监督机制的有效性的发挥是以

---

① 参观包小忠：《日本企业的融资结构与治理结构效率》，17 页，北京，中国社会科学出版社，2006。

② See Levine, Ross, “Financial Development and Economic Growth: Views and Agenda,” *Journal of Economic Literature*, June 1997: 688-726.

③ See Boot, Amoud W. A., Stuart J. Greenbaurn, and Anjan V. Thakor, “Reputation and Discretion in Financial Contracting”, *American Economic Review*, 1993 (83): 1165-1183.

④ See Bhide, Amar, “The Hidden Costs of Stock Market Liquidity,” *Journal of Financial Economics*, 1993, 34 (1): 1-51.

经济良好发展为条件的。[①] 何自力认为，日本主银行制在公司治理中的作用证明了企业的所有权和控制权可以实现有效的统一，他不同意两权分离是股份制发展的必经途径。[②] 宫岛英昭认为，第二次世界大战之后，日本的经济体制进行了改革，企业的经营者逐渐脱离了大股东的过分监督和控制，形成了由董事会全面管理公司的局面，极大地提高了企业经营者的积极性。但是，随着股权的分散，委托代理成本极大地提高了，企业经营者越来越关注企业的短期利益而不是长期利益，企业资产负债率的逐渐提高加大了企业破产倒闭的风险。日本的主银行制和企业之间相互持股从一定程度上降低了上述成本和风险。[③]

2.3.3 小结

通过以上文献研究我们可以发现，股权治理和债权治理本质的区别来自企业融资模式不同。在资本市场比较发达的国家，发行股票成为融资模式的主要渠道，企业股权分散，股东众多，这给股权治理创造了土壤。而在资本市场欠发达的国家，大型金融机构的资金成为了众多企业追逐的对象，企业通过借债的方式融资，则债权治理应运而生。从这个过程中我们不难看出，资本市场比较发达的国家（美国、英国）都是通过市场进行资本的原始积累，其资本市场经历过几百年的发展，各项制度相对完善和成熟，也就保证了企业可以通过资本市场进行融资。而资本市场欠发达的国家（日本、德国）是后发型或者称为追赶型国家，这些国家没有时间进行资本市场的完善，为了发展经济，赶超其他国家，

---

① 参见李响：《内部人控制、公司治理结构与融资方式的选择》，载《上海经济研究》，1998（5），14～18页。

② 参见何自力：《试论日本的主银行制与公司治理》，载《南开经济研究》，1997（1），62～68页。

③ 参见宫岛英昭：《现代日本经济》，上海，上海财经大学出版社，2001。

通过银行等金融机构快速地实现资本的原始积累，然后投资于企业。这样的模式使得金融机构既成为企业的债权人，也有条件使它们成为企业的管理者。这就是债权治理产生的背景。

2.4 债权人治理效应研究综述

2.4.1 债权人在公司治理中的作用

有关企业融资的代理成本理论始于詹森和麦克林（Jensen and Meckling）。他们认为，当企业经理不完全拥有企业产权时，就会出现代理成本，委托人就必然要想方设法监督和约束代理人的行为，以达到剩余损失最小。由于债务要用现金偿还，这自然会相应减少经营者谋求个人私利的自由现金流量，也能够有效约束经营者行为，减少代理成本。[①] 格罗斯曼和哈特（1982）也认为，债权融资是一种担保机制，对企业来说是一种硬预算约束，这种约束可以抑制经营者的在职消费，防止过度投资和各种冒险行为，促使经理努力工作，减少个人享受，并且作出更好的投资决策，从而减少股东与经营者之间的代理成本。阿洪和伯尔顿（1992）认为，债务契约所体现的本质特征就是当债务人不能履行契约时，债权人就会从债务人手中取得企业控制权，并且控制权的相机转移是有效率的，在加强激励约束机制、完善相机治理机制等方面具有重要作用。从企业投资的角度来看，迈尔斯（Myers，1977）认为，公司的资产、成长机会等资源都可以视为买入期权。这种期权的价值取决于公司未来可自由选择的投资机会。有风险的负债融资将降低公司拥

① See Jensen，Michael C. and William H. Meckling，"The Theory of the Firm，" *Journal of Financial Economics*，1976（10）.

有的实物期权的市场价值现值，因为它将导致次优的投资策略（出现投资不足）或迫使公司和它的债权人承担避免次优策略的成本。哈特和穆尔（Moore，1989）认为，当企业的投资项目收益中存在仅对企业经营者有利的非金钱私人利益时，企业经营者有着长期负债的动机，但是长期负债融资有可能抑制企业的融资能力，从而使企业出现投资不足问题。戴蒙德（Diamond，1991）认为，当企业经营者和外部债权人之间存在不对称信息时，优质企业选择短期负债，劣质企业选择长期负债。

从上述文献中我们可以看出，债权融资对减少委托代理成本等方面起到了一定的作用，是公司治理的一种方式。同时，不同类型的债权也会产生不同的治理效应，即债权的期限不同、限制条款不同，所取得的治理效应也不一样。

国内学者结合我国转轨时期的经济特征，对债权治理的作用也做了大量研究。吕景峰（1998）认为我国国有企业的治理结构存在重大缺陷，未能保障国有银行债权的正当权益，使得债权治理没有在国有企业的治理结构中发挥作用。这主要表现在：企业经营者的激励约束机制受到损害、无法实现企业的“相机控制”、不利于督促企业的所有者追求企业价值最大化。张文魁（2000）认为负债在公司治理中具有以下作用：资本结构优化、缓解内部人控制、对经理人行为进行约束等，而偿债的事前和事后保障机制——如破产机制、对经理人行为的限制、有限介入企业治理、财产追索等——可以使债权达到目的。任云和孙川（2001）从债权人兼股东的角度对日本的主银行制进行了理论研究，得出了银行在企业治理中发挥了应有的作用的结论。陈耿和周军（2003）认为，债权集中度越高，债权人内部达成协议与采取一致行动的交易成本越低，债权人参与公司治理的有效性越大，反之亦然。同时认为，因为银行的债权集中度高，内部达成一致的交易成本低，因而可以在债权治理中发挥作用。张宗新（2003）认为应强化银行在公司治理中的作用，采用商业银行的相机治理机制，把商业银行作为国有企业债务资金的提供者和企业经理人之间激励与制衡的一种制度安排。

2.4.2 债权人治理的效率研究

关于债权治理的效率研究，大部分学者是通过以企业财务杠杆作为核心变量进行实证研究。此类研究已取得共识的影响因素主要有：无形资产、企业规模、盈利能力、成长性、企业风险、非债务税盾、行业差别等。吉安尼蒂（Giannetti，2003）的实证研究发现：（1）在股票市场欠发达的国家中，企业负债率偏高，非上市公司负债率更高；（2）一国的借贷市场越发达，成熟公司（指经营历史长且信用良好的公司）越愿意使用更高的财务杠杆；（3）在控制了金融市场发展水平变量后，制度因素仍然显著，在那些债权人权益受到充分保护的国家，企业具有更高的财务杠杆，同时更容易得到长期债务融资。国内外有关债权治理的实证研究呈现出两类结果。第一类结果显示出债权治理的正向作用。马苏利斯（Masulis，1983）① 的实证研究表明企业绩效与负债水平正相关。詹森（1986）② 认为负债有助于防止公司在低收益项目上浪费资源，提高公司的经营效率。汪辉（2003）③ 发现债务融资水平对 Q 值、市净率和净资产收益率均有显著的正向解释力。陆正飞（2006）④ 研究发

① See Masulis，Ronald W.，“The Impact of Capital Structure Change on Firm Value：Some Estimates，” *The Journal of Finance*，1983，38（1）：107－126.

② Jensen，M. C.，“Agency Costs of Free Cash Flow，Corporate Finance，and Takeovers，” *American Economic Review*，1986，76（2）：323－332.

③ 参见汪辉：《上市公司债务融资、公司治理与市场价值》，载《经济研究》，2003（8），28～35页。

④ 参见陆正飞、韩霞、常琦：《公司长期负债与投资行为关系研究——基于中国上市公司的实证分析》，载《管理世界》，2006（1）：120～128页。

现新增长期负债作为一种资金来源与新增投资正相关，其中高度相关的仅长期借款这一项。第二类结果显示出债权治理的无效性。素密·K·马宗达和普拉迪普·奇伯（Sumit K. Majumdar and Pradeep Chhibber，1999）考察了印度企业的资本结构。他们发现，企业负债水平与企业绩效显著负相关，说明负债并没有对印度的企业治理效率的提高作出贡献，也没有提高企业的经营业绩，在西方普遍适用的负债有助于完善公司治理结构的结论在印度并不适用。他们同时认为，产生这种差异的原因在于印度长短期贷款机构的国有性质，解决问题的关键是贷款资本供给的市场化改制。蒂特曼和韦塞尔斯（Titman and Wessels，1988）[①] 证实了负债比率与成长性间未出现反向关系。梅西和穆勒（Macey and Miller，1995）[②] 对商业银行在德国、日本和美国的公司治理中的作用进行了比较研究，认为公司绩效越差，债权治理越表现出无效性。国内学者也得出了相近的结论。杜莹和刘立国（2002）分别以主营业务利润率、总资产收益率和净资产收益率为解释变量检验了中国上市公司负债对公司绩效的三方面影响：财务杠杆效应、税盾效应和治理效应。结果表明：资产负债率与公司绩效成显著负相关，债权的治理效应对公司绩效产生了显著的负面影响，这说明我国上市公司的债权治理表现出无效性。而债权治理失效的原因是债权债务关系的虚拟性、破产退出机制与相机控制失灵。邓晓岚等（2005）[③] 对上市公司资本结构的主要影响因素进行了实证研究，结果表明成长性与负债率之间没有显

---

① See Titman, Sheridan and Roberto Wessels, "The Determinant of Capital Structure Choice," *Journal of Finance*, 1988 (43): 1-19.

② See Macey, Jonathan R. and Geoffrey P. Miller, "Corporate Governance and Commercial Banking: A Comparative Examination of Germany, Japan, and the United States," *Stanford Law Review*, 1995, 48 (1): 73-112.

③ 参见邓晓岚、王宗军、骆杰伟等：《我国制药行业上市公司资本结构的实证分析》，载《财贸研究》，2005，16（2）：97～103页。

著的关系。朗和斯塔尔兹（Lang and Stulz，1994）[①] 研究发现经营业绩不良的公司的成长性与财务杠杆负相关。杜莹（2002）对A股上市公司1999—2001年的288个观测值的实证研究发现，债权的治理效应对公司绩效产生了显著的负面影响，这说明债权在公司治理中没有发挥出应有作用，即债权治理表现出无效性。谭昌寿（2004）对两市上市公司2000—2002年的2 298个观测值的实证分析认为，净资产收益率与负债率、债务融资率均成显著的正相关关系，但系数值相对较小；托宾Q值与负债率、债务融资率的关系不明显，而且有些还不能通过检验，说明我国上市公司债务融资的效果十分有限。于东智（2003）以我国公司资本结构特征为研究视角，在对我国上市公司资本结构进行统计描述的基础上得出了我国绩优公司并不愿意通过负债方式进行融资的结论，公司的绩效指标整体上与负债比率成负相关关系，即债权治理软约束的假设得到检验。邓莉（2007）等对2001—2004年两市上市公司相关数据的实证分析认为，银行贷款无论期限长短，与公司绩效之间都成显著的负相关关系；无论是短期贷款还是长期贷款，与公司自由现金流和管理成本费用率之间都成正相关关系，说明银行债权没能有效约束经营者。

2.4.3 我国债权人治理弱化的原因研究

对于为什么我国上市公司债权治理没有起到应有的作用这一问题，学者们有着不同的回答。沈江波（2005）认为，尽管事前的借款合同中有各种保护性条款，但资金一旦转移到债务人手里，债权人便失去了控制。由于债权人在正常情况下无法参与企业经营决策，因此，债权人的债权只能在破产清算时得到补偿，而债务人并不把债权本身当作一种约

① See Lang, Larry H. P. and Rene M. Stulz, "Tobin's q, Corporate Diversification, and Firm Value," *Journal of Political Economy*, 1994 (102): 1248-1280.

束。李武江（2006）认为，在我国破产机制和相机治理机制是失灵的，债权治理缺乏相应的制度性保护，使得债务人对于债权本身并没有压力，产生了“借钱白借、还钱白还”的认识。夏宁（2006）认为，相关法律不健全对债权人权益保护不够，控股股东侵犯债权人利益，债券市场不足以形成企业的主要债权人等，这些因素都是债权治理失效的原因。于耀华（2007）认为，我国银企财务关系的通道是单一的贷款关系，公司内部人控制的现象严重，银企之间缺乏人事结合的机制，这是导致银行这个主要债权人的利益容易被侵害的原因。胡竹枝和李明月（2002）指出，我国的金融组织体系是：中央银行为领导、国有商业银行为主体、国家政策性银行与其他商业性银行及多种金融机构分工并存。虽然很多银行已经转型成为股份制银行，但是总体上来说金融业的国有集权性质并未改变，国有银行占 70%以上的市场份额，其垄断地位仍不可动摇。银行集权体制会产生预算软约束，在相对集权的金融体制下，倾向于重视预算软约束带来的事后效益。贺晓东（1996）认为国有企业、国家银行与政府之间彼此的效用函数有着直接的依赖关系，政府干预会危害企业和银行利益，引起效用函数下降，政府干预对银行和企业会造成侵害，如不能使银行和企业摆脱政府附属物的地位，债务契约将永远是一纸空文。张昌彩（1998）认为我国企业的融资具有内源融资的性质，银行和企业的委托人都是国家，这种内源融资导致了企业的高负债，而这种负债起不到治理效应。同时，我国资本市场股权融资缺少退出机制，不能成为主导型融资方式。我们应大力发展企业债券市场，以优化与完善融资结构与公司治理结构。

2.4.4　债权人参与公司内部治理研究综述

当债权融资成为公司的主要融资方式时，公司的经营管理者受到制约。戴蒙德（1991）、贝斯纳克和卡纳塔斯（Besnako and Kanatas，1993）研究发现，相对于股东而言，银行能够更好地监督公司项目选择的正确性，从而提高公司投融资方面决策的科学性，提高公司的价值。青木昌彦（1995）认为，对于转轨经济中的内部人控制问题，股东模式存在严重缺陷，而银行的相机治理作用则是对这一缺陷的弥补。所谓相机治理作用是指：当企业在财务情况良好、有能力偿还债务时，银行对企业的经营决策不加干预；而当企业陷入流动性危机或者资不抵债时，企业控制权就转移到债权人手中。这样，债权人参与公司治理的力度在企业发生财务困难时比较明显，而在企业业绩良好时就减弱。狄龙（Delong，1991）指出，美国银行在公司濒临破产、要更换管理层和股东时发挥了重要的作用；在德国和日本，银行显得更加重要，因为银行有时甚至能够决定股东的份额、董事会成员的组成。但在法律体系尚不健全的其他国家，大的债权人治理还缺乏影响（Bacra，1995）。威廉姆森（Williamson，1996）把债权和股权看作是可以相互替代的治理方式。采用债权还是股权来进行项目融资要取决于项目资产的本质特性。如果资产具有可重新配置的属性，则企业应选择债权，因为在违约的情况下还可以收回一些有价值的资产。反之，如果资产具有很高的专用性，则企业最好借助股权融资所具有的自由裁量权特性来管理这些资产。梅西和穆勒（1995）对德国、日本和美国的商业银行在公司治理中的作用进行了比较分析。他们认为银行过于强势会阻碍股东承担风险，妨碍资本市场的健康发展，进而对社会利益造成危害。最有效的方式是大股东对管理者进行监督，银行则控制其道德风险。日本和德国的银行在直接介入公司治理方面做了比较成功的尝试。日本的主办银行既是企业的大股东，又是企业的大债权人，直接介入债务公司的治理中，进入债务公司的董事会和监事会以便债务公司作出的决策不损害债权人的利益。迪切夫和斯金纳（Dichev and Skinner，2002）利用大样本实证分析了债务治理假说的存在。他们运用了债务违约与债务约束的宽松程度的关系来证明债务治理。其结论是债务约束越宽松，违约的可能性越大；相反，违约的可能性越小。

2.4.5　对国内外研究文献的评述

国外对债权治理的研究几乎与股权治理的研究同步，最为著名的四种理论模型分别是：詹森的控制模型，哈特、穆尔和阿洪-伯尔顿的转移模型（也称破产威胁模型），青木昌彦的相机治理模型，以及直接介入债务公司治理的约束模型。这些模型从债权治理的各个层面进行了分析，得出了具有说服力的结论，即债务具有抑制非效率投资、破产威胁以及直接介入债务公司经营管理的功效。从这些学者的研究中我们可以看出债权发挥公司治理功效的主要表现在于：

第一，控制权在股东和债权人之间的转移，不仅导致了企业控制权的归属不同，同时不同主体的控制权实现方式不同。这种不同直接影响经理人激励约束机制和经理人的选择。股东的控制方式有两种：一是通过董事会选择、监管经营者的直接控制；二是通过资本市场的企业兼并、买卖的间接控制。债权人对企业的控制方式是清算重组，这意味着企业的解体，债权人也往往将原经理层撤换，因此，这也意味着经理人职位和控制权的丧失。可见，债权人的控制更为严厉，这就是债务的破产威胁作用。

第二，债权人的控制还表现为对企业投资效益的监控，即债权人可以直接介入债务公司进行监控以达到有效制衡经理层的道德风险和逆向选择的目的。如果债务企业的投资效益优良，债权人可以按期收回本金和利息，债权人就没有动力对企业投资进行监控；但当企业投资效益差，甚至投资于一些净现值小于零的项目时，这种做法对债权人的利益就是一种损害，债权人就要介入，以保护自身利益不受侵犯。因此，负债可以抑制企业的低效率投资。

但是，国外的债权治理研究趋于成熟，主要是因为它有着成熟和完善的资本市场、法律保障和公司治理结构，这些内在、外在的制度条件给债权治理的研究提供了广阔的空间。但是，制度安排本身就是一个需要研究的问题，特别是对我国债权治理功效的研究和分析，必须引入制度安排，也即要建立和完善让债权治理发挥作用的制度安排。

我国目前正处于转轨经济阶段。在转轨经济阶段国有企业独有的一些特点是我们研究各种问题时必须正视和不能回避的。诸如，非均衡股权结构下的治理效应、我国国有企业与国有银行产权的同质性、我国资本市场发展缓慢、法律体系还不很完善等外在因素的制约，致使国外研究比较成熟的知识体系运用到中国时均会出现不一样的反应或结果。为此，我国对债权治理的研究还比较零散、不系统，对于债权治理没有实践基础，当然理论研究就显得相对落后。近几年，出现了一些关于债权治理方面的研究。对债权治理功效的实证研究主要基于负债融资与企业绩效的相关性检验，基本围绕强调债权治理在公司治理中的重要作用、债权治理效率低下、债权治理软化等展开讨论和研究。这些研究存在的主要问题是所用方法单一，对于债权人的认定仅限于银行，范围过于狭窄，因而无法对我国转轨时期债权治理的现状进行系统、全面的分析。

第3章 债权人参与公司治理的现实依据

由于债权人参与公司内部治理是企业的现实发展所形成的问题，所以，本书从现实出发，先讨论问题的成因，再进行理论探讨。

3.1 企业融资模式对公司治理结构的影响

委托代理理论不仅是现代企业理论的核心，在金融体系中也存在着委托代理关系，这种关系是研究企业融资模式、债权人参与公司治理的理论基础。如图3—1所示，在一个完整的金融体系中，家庭、非金融企业和政府作为委托人提供资金，作为资金需求者的金融机构在其中扮演代理人的角色。当金融机构向企业提供资金时，它们又成为委托人，商业银行和机构投资者是金融机构的代表，它们同时扮演委托人和代理人的双重角色。有些国家允许商业银行直接控股债务企业，这样，银行的股东身份就使得它们成为了企业的所有者。家庭、非金融企业和政府既可以将资金交给金融机构，再由金融机构进行投资或者借贷，也可以通过购买企业股票和债券直接将资金交到企业的手上。

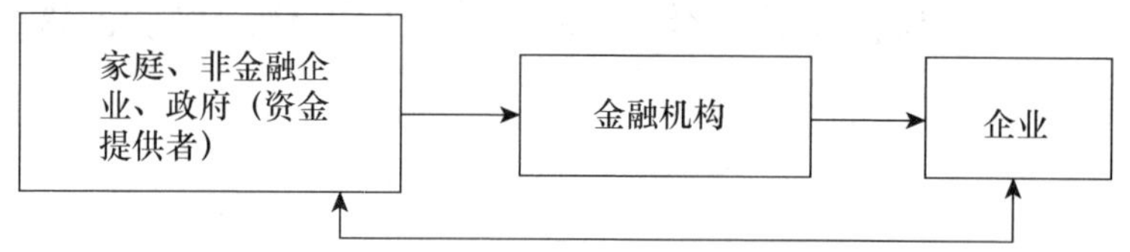

图 3—1　金融体系中的委托代理关系

根据委托代理理论，委托人和代理人之间存在目标差异。代理人由于直接对企业进行管理，具有信息优势地位。由于信息不对称，代理人很可能为了自身的利益作出损害委托人利益的行为，所以，无论是金融机构还是家庭、政府和非金融企业，在向企业进行投资的时候，都处于委托人的地位，所以就必将面临代理成本。在债权投资中，投资者根据被投资企业的表面特征所作出的决策并不一定可以保证实现预期的投资效果，债务企业内在的各种委托代理关系将对投资的成功与否产生十分重大的影响。投资者本人也置身于这些委托代理关系之中，他们本身就是众多环节之一，有权利参与到债务企业的内部治理之中。

3.1.1　企业融资模式的历史演变

在农业经济时代，经济特征表现为自给自足，当时并不存在现代意义上的企业或者公司，家庭和手工作坊是主要的生产组织形式。这一时期企业融资问题并不突出，因为在农业经济时代，社会再生产过程对资金的需求量并不大，企业融资方式主要以内部积累资金为主，外部融资多体现为高利贷形式。但前资本主义社会高利贷的需求者主要是小生产者，他们往往是由于流动性的原因而求助于高利贷，所以他们对高利贷的需求弹性比较低。

不过随着商品经济的繁荣和发展，经济的规模逐渐扩大，小作坊式的企业已经变成了颇具规模的企业集团，这时候，企业不仅仅是在流动性出现问题的时候才需要资金补充，企业扩大再生产所需要的资金规模更大，单纯依靠资金的内部积累已经不可能达到企业经营和发展的要求了。正如马克思所言，假如必须等待内部积累再使某些单个资本增长到能够修建铁路的程度，那么恐怕直到今天世界上还没有铁路，但是，将资本集中于股份公司转瞬之间就把这件事完成了。所以，这一时期，更多地寻求外部融资成为了企业普遍面临的事情。同时，随着经济的发展，普通民众的收入水平有了较大的提高，他们在维持日常生活之外还会有少量盈余。但是单个的少量剩余不足以满足企业的资金需要，为了避免高利贷的“高利盘剥”，企业必须寻找其他的社会剩余资金，这就无形中增加了企业的资本成本。另外，即便企业有能力集中其他社会剩余资金，但是面对零散的资金提供者，企业无法向每个提供者都提供监督的途径和资金使用的保障，否则，这将是无休止的干扰和麻烦。在这种情况下，小规模资金提供者面临着巨大的道德风险（moral hazard）和财务风险，这是他们不想看到的，也是他们无法承担的风险。结果就形成了这样的局面：资金需求者融资困难，资金持有者没有更好的投资渠道，不愿意进行投资。在这种社会背景下，商业银行作为重要的金融中介机构应运而生。

商业银行集中了大量零散资金，通过专业人员的运作将资金投放给企业形成贷款，并通过存贷利差来获得利润，同时商业银行也承担了贷款的风险。储户将投资的风险转嫁给了银行，同时也让渡了一部分利息收益给银行。由于商业银行组织规模庞大、力量雄厚、信息获取能力和抵抗风险能力都很强，它们借款给企业，通过债权人的名义来监督企业的贷款使用情况，这样债务企业滥用资金的道德风险就降低了很多。由于商业银行具有以上优势，因此，在这一时期，金融机构发展迅猛，通过吸收存款积聚了大量资金，成为企业外源融资的主要方式。商业银行的出现和发展改变了企业的融资方式，即由内源融资向外源融资转变。

但是，随着经济的不断繁荣和发展，企业对资金的需求越来越旺盛，单纯的银行贷款已经难以满足企业的需要，于是企业通过资本市场来募集资金。在这一过程中，政府起了很大的推动作用，主要表现在政府通过发行政府债券来筹措资金。在1789—1790年间，为了应对独立战争所需要的巨额军费开支，由国会授权，美国政府发行了8 000万美元国债来应对战争的需要。[①] 由于政府的信誉是有保障的，资金盈余单位愿意购买政府发行的债券。这就使融资问题有了全新的概念。既然政府可以凭借自己的信誉来发行债券，那么信誉可靠的公司也应该具有发行股票和债券的权利。但是，公司的信誉如何被评估呢？证券交易所的出现解决了这个问题。证券交易所规定了公司发行股票、债券的财务指标，比如最低资本、盈利水平、股东人数、高管素质、公司治理结构等。同时，证券交易所通过集中竞价的方式进行交易，减少了企业高昂的搜索成本，从而大大降低了交易成本。这就从制度上初步保障了这种新的融资方式的发展。在这一过程中，新的企业形式——股份有限公司的出现极大地促进了企业融资的发展。美国学者钱德勒（1987）认为，

① 参见严武：《证券市场管理国际比较研究》，20页，北京，中国财政经济出版社，1998。

在美国，铁路行业最早出现了现代企业，这是因为铁路建设对资金的大规模需求所导致的美国金融行业的变革。他指出："铁路就是美国第一批由外部获得大量资本的私人企业。随着 19 世纪 40 年代末期铁路繁荣时期的到来，修筑铁路的资本不可能再像以前一样向居住在铁路沿线的农场主、商人或制造商筹集……为了筹集铁路建筑所需的资本，发行股票成为了最为广泛、最为有效的方式，而铁路股票的大量发行也将纽约股票市场的买卖和投机生意带入了现代的模式，这都促使纽约成为美国资本市场的中心。"① 美国宾夕法尼亚的铁路在 1869—1873 年之间发行了 8 700 万美元债券，而在此之前，没有一个美国的私人企业能够迅速快捷地进行这样大规模的融资，这就是企业通过资本市场进行融资所取得的成果。

企业的融资方式经历了从自身融资和高利贷融资发展为向商业银行等金融机构融资，再发展为通过发行股票和债券在资本市场进行融资。虽然资本市场融资方式发展迅速，但是并没有完全替代商业银行融资方式。在市场经济高度发达的今天，资本市场和商业银行对一国经济的发展都起着至关重要的作用。乐文（Levine，1996）认为，如果一个国家或地区拥有流动性较强的股票市场和较为发达的银行业，经济发展速度就比较快；如果银行业和股票市场有一方较弱但另一方较强，则一个国家或地区经济发展速度仍然比较快；但是如果什么都没有，股票市场流动性差，内幕交易严重，十年之间归零，同时银行业也不发达，企业融资困难，这样的国家或地区经济发展水平就比较低下。乐文对很多国家的资本市场和银行业的发展状况进行了研究。他认为，股票市场流动性差但银行业发达、经济发展较快的国家有：芬兰、葡萄牙、西班牙、挪

① A. D. 钱德勒：《看得见的手——美国企业的管理革命》，101～103 页、175 页，北京，商务印书馆，1987。

威、瑞典等欧洲国家；股票市场繁荣但银行业不发达、经济发展较快的国家有：澳大利亚、马来西亚、菲律宾、巴西、智利、印度；股票市场流动性强同时银行业也比较发达、经济发展繁荣的国家和地区有：美国、日本、德国、奥地利、意大利、加拿大、以色列、中国香港、中国台湾、韩国；而股票市场差、银行业发展也缓慢、经济发展水平比较落后的国家有：印度尼西亚、尼日利亚和哥伦比亚。[①] 因此，只有在股票市场和银行业协调发展的国家和地区，经济才能呈现长期快速发展的趋势。

总体来说，不同的融资模式可以满足不同经济主体的需要。但是各国在不同的时期，由于经济发达程度、市场发育成熟的不同，有其不同的侧重点。美国被公认为资本市场最为完善、最为发达的国家，而德国强调以银行为主体的融资模式，日本则同时拥有较为完善的银行体系和证券市场。当然，融资方式的具体形式是由一个国家或地区的经济发展水平和经济发展条件所决定的，反过来，融资方式的优化也必将促进这个国家或地区经济的繁荣与发展。

3.1.2 融资模式的类型和特点

企业融资模式的分类有很多，按融资导向性则可以分为银行主导型（bank-led financial system，BLS）和市场主导型（equity market based financial system，EMS）两种模式。

市场主导型模式主要以资本市场为基础，通过公司上市和发行公司债券等金融产品等手段进行融资，强调市场竞争的作用而忽视投资者对公司的控制权；而银行主导型模式是以商业银行贷款为基础，这种模式

---

① See Levine，Ross，"Stock Market：A Spur to Economic Growth，" *Finance and Development*，World Bank，March 1996.

主张多方利益相关者共同治理公司，强调投资者对公司的控制权，以保障出资人的利益。一般来说，融资模式的选择是由本国经济发展阶段和基本国情决定的，美国、英国企业采用市场主导型融资模式，而日本、德国企业一般采用银行主导型融资模式。

在德国，资本市场一直没有得到充分的发展，企业的主要融资对象是银行，德国少数几家商业银行基本控制了整个德国的融资市场，这些银行在债务企业内部治理中发挥着主导作用。日本和法国与德国相似，都属于银行主导型融资模式，但是它们的金融市场要比德国发达，并且开始在经济发展中发挥重要作用。

相比之下，美国的资本市场十分发达，企业基本都是通过公司上市或者发行公司债来融资，所以，美国的股票市场和债券市场十分繁荣。但是，美国银行业的发展格局相对分散。美国银行的主要盈利模式是向客户提供优质的理财产品，而并不是靠存贷款的利率差，更不是靠不同银行间存款及汇款的手续费、办理银行卡的工本费和办理理财的手续费。加拿大和英国的资本市场比德国发达，同时银行业的集中程度又高于美国，但这两个国家还是偏重于市场主导型融资模式。① 以上所列举的国家基本上代表了当今世界经济发展的最高水平。从这里我们可以看出，经济的健康发展离不开良好的融资方式，融资方式的优劣要看是否符合本国国情，同时，不同的融资方式对公司治理模式会产生不同的影响。伯格洛夫（Berglof，1997）从 15 个方面对比了 EMS 和 BLS 两种融资模式的不同，并总结了在不同的融资模式下，企业公司治理结构有哪些差异（见表 3—1）。

---

① See Allen, Franklin and Douglas Gale, "A Welfare Comparison of Intermediaries and Financial Markets in Germany and the US," *European Economic Review*, 1995 (39): 179-209.

表 3—1 EMS 和 BLS 两种公司融资与治理模式的概括性比较

	市场主导型（EMS）	银行主导型（BLS）
代表国家	美国、英国	日本、德国
股票市场	规模大、流动性强	流动性弱于 EMS
上市公司比重	大	不一定小
公司债务融资方式	50%发行债券和商业票据	绝大多数是银行长期贷款
控制性融资比例	低	高
银行体系	商业银行和投资银行相分离	全能银行或主银行
所有权结构	高度分散	较集中，商业银行持股比例高
债权人权力	小	大
投资者主要目标	实现证券组合并获得盈利	获得被投资企业的控制权
破产机制	具有潜在的重要性	商业银行可能推迟企业破产
委托代理冲突	股东和经理层	债权人和股东；债权银行与经理层
董事会	非常重要	比较有限
恶意收购的作用	具有潜在重要性	非常有限
主要会计原则	真实、公允	谨慎
公司治理模式	主要依靠公司控制权市场的外部治理模式	主要依靠内部治理模式

资料来源：Berglof，Eric，“Reforming Corporate Governance，” *Economic Policy*，1997（24）：91-123.

不同的融资模式对企业内部治理结构的作用差异很大。EMS 模式下的公司融资和治理模式以市场为基础，需要高度发达的资本市场作为依托，由此而产生的公司所有权结构也是高度分散的。但是，如果股权过于分散，则中小股东搭便车的行为就可能十分严重，这就会造成内部人控制的问题。此时，公司经营者的压力主要是外部力量的监督，例如，公司董事会的董事主要由外部董事组成。但是，由于中小股东无法凭借手中的股权对公司经营者施加影响和压力，他们的想法丝毫得不到公司经营者的重视和关注，那么中小股东只能用脚投票：公司业绩良好，他们就跟进，业绩不好，他们就走人。在这种情况下，公司的经营者并不希望大量中小股东用脚投反对票，因为中小股东关注的只是企业的眼前利益而非长远利益。如果大量股东抛售自己的股票，势必导致股价下跌，企业容易被收购和兼并。所以，为了应付眼前的局面，公司经营者势必会追逐企业短期效益，这使得资本市场上充满了投机泡沫和机会主义行为。由于在 EMS 模式中的公司经营者控制着公司大多数的自由现金流量（free cash flows），他们出于短期利益的考虑，极容易造成投资过度的局面，这些行为最终将导致公司竞争能力的减弱。为了避免公司经理的短期行为，若令 EMS 模式下的经理层持有一定比例的公司股票，这就会对经理层进行有效激励。统计数据表明，美国公司的经理层持有全部公司股票的 0.07%，加上股票期权（share options），这一比例达到了 0.157%，而日本经理层持股仅占 0.038%。[①]

在 BLS 融资模式下，企业和资金持有者表现出了“关系型”（relationship-oriented）治理特征，这样的国家以日本、德国、韩国为代表。这些国家资本市场并不十分发达，公司的股权高度集中，公司的经营者一直处于大股东的监控之下，而来自外部市场的监督力量相对较弱，但是对于经理层的激励也并非没有。日本公司为经营者提供的激励除了薪酬之外，还有类似于终身雇佣制、荣誉称号这样的制度。这是一种比较典型的“事业型激励”。根据马斯洛的需求层次理论[②]，这些制度虽然没有直接提高经营者的薪酬水平，却满足了人们内心的归属感、荣誉感和自我实现感。这种综合性的激励手段对经营者更容易产生长期激励的效应，促使他们将自身的命运与公司的命运紧密相连，公司的美好未来就是员工奋斗的目标。

---

① See Kaplan，Steven N.，*Corporate Governance and Corporate Performance：A Comparison of Germany，Japan and the US*，Oxford University Press，1997.

② 马斯洛的需求层次理论包括：生理上的需求，安全上的需求，情感和归属的需求，尊重的需求，自我实现的需求。

此外，商业银行也成为了公司治理的主体之一。德国的全能银行不仅直接持有债务企业的股份，拥有中小股东的代理投票权，还对债务企业派驻董事、监事，在企业的人事任命、经营管理等重大决策中发挥作用（详见第7章）。由此可见，BLS模式下的资金持有者比较重视对公司的控制，由于股权相对集中，企业的发展战略和日常经营比较稳定，不会像在EMS模式下，公司极易受到资本市场波动的影响。同时，在BLS模式下，债务企业对债务必须还本付息，公司经营者很难通过信息不对称进行作弊，这就减少了公司的自由现金流量，使企业过度投资或者风险投资行为得到了有效的控制。但是，在市场经济中，风险与收益并存，高风险高收益，低风险只能获取低收益。债权人不希望公司投资高风险的项目，但是一般的项目收益也不乐观，这就很可能导致虽然企业经营风险不大，但是业绩也不突出。

尽管两种融资模式各有利弊，但是融资模式的选择最终是为了促进企业的发展，同时，两种融资模式也不是一成不变的，经过60多年的发展，两种模式有了趋同的迹象。以美国和日本两个国家为例，美国逐渐强调商业银行和其他金融机构在公司治理中应该发挥作用，而日本的资本市场也在逐渐发达，也重视通过外部市场来完善公司治理机制。所以，不同的融资模式一定要结合不同的经济发展阶段和不同的国情，必要时要进行本土化的改造，这就为债权人参与公司治理提供了现实依据。

3.1.3 不同融资模式对股权结构和公司控制权结构的影响

不同融资模式必然会影响企业的股权结构，美国、日本、英国、德国的公司股权结构存在着很大的不同。日本和德国银行与企业之间相互持股，商业银行和债务企业之间形成了一种长期的战略伙伴关系，银行向企业贷款的目的绝不仅仅是为了获得利息收益，而是通过这种方式与企业建立长期稳定的合作关系，甚至在一定程度上控制债务企业，使之成为产业链的一部分，通过这种银行—企业联合的方式形成了稳固的产业链，外界再想渗透进去十分困难。这其实是保证银行竞争力的重要因素。英美则主要依靠个人投资者和机构投资者来进行融资，个人投资者和机构投资者的目的性相对比较单纯，就是为了获得利息收入或者使股票增值。基于此，投资者对公司经营者所提出的要求也区别于银行对企业经营者的要求。总而言之，市场主导型融资模式导致公司股权分散、控制权主要掌握在经理人手中，而银行主导型融资模式导致公司股权相对集中，控制权主要掌握在资本持有者手中。

根据表3—2，有71.7%的美国公司大股东是投资机构[①]，银行、关联公司、母公司的股权比例很小，基本不到2%，就算是创业者家族，其股份比例也只有15%。而在日本，情况就不同了。只有12.9%的日本公司大股东为机构投资者，商业银行和集团控股公司所占的股权比例分别为35.6%和30.7%，相互持股的现象比较明显。

表3—2　　日本、美国公司大股东分布调查结果（%）

第一大股东	美国公司	日本公司
投资机构	71.7	12.9
主银行	1.9	35.6
关联公司	1.9	9.4
母公司或控股公司	1.9	30.7
创业者家族	15.0	15.4
普通投资者	5.7	2.5
其他	1.9	3.5

资料来源：谭雪梅：《日、美、德公司股权结构的分析与启示》，载《东北财经大学学报》，2000（1）。

① 这些投资机构包括共同基金、养老基金、保险公司、投资公司等。

同时，由于融资模式不同，导致股权结构也不同，从而使得企业的投票权也有很大差异。以美国和德国公司的投票权为例。如表3—3所示，美国公司第一大投票集团[①]一般仅仅拥有15%～20%的投票权，而德国的这一数字是60%。从第二到第十大投票集团来看，德国公司拥有的权利也超过了美国。美国各集团之间差别不大，谁都不可能完全控制整个公司，公司利益分散在各个主体手中；但是德国却不同，第一大投票集团拥有绝对主导性的权力。这就导致了“一权独大”，公司的决策基本上是“一把手”说了算。

表3—3　　美国、德国公司投票权比较调查结果（%）

		最小持股比例	最大持股比例	持股比例平均数
第一大投票集团	德国	4.900	100.00	63.40
	美国	0.050	99.00	22.80
第二大投票集团	德国	0.060	49.90	15.60
	美国	0.001	50.00	11.30
第三大投票集团	德国	0.100	26.70	10.00
	美国	0.000	33.30	7.95
第四到第十大投票集团	德国	0.140	24.00	6.80
	美国	0.001	5.72	2.08

资料来源：Becht，Marco，“Strong Blockholders，Weak Owners and the Need for European Mandatory Disclosure，” *European Corporate Governance Network Executive Report*，October 1997 (27).

表3—4揭示了美、英、德、日等国非金融公司的股权结构及其分布情况，其中既有共同的特点，也有不同之处。四个国家相同的特点有：第一，这些发达国家的政府部门和公共部门基本不持有公司股份，德国政府的持股比例为4%，日美则为0，英国为1%。这说明这些国家

① 这里使用的是“投票集团”（block holder）的概念。这一集团往往是以第一大股东为核心并由其他股东与大股东结成的共同的投票集团，其所控制的实际投票权一般大于第一大股东的持股比例。

政府并不对企业进行实际意义上的控制，而是运用经济手段、法律手段对市场进行调节，而不是通过部委持股或者国有企业来控制非金融企业，进而控制整个市场。第二，非金融公司的主要大股东一般都是金融部门，美、英、德、日各国金融部门的持股比例分别为 46%、62%、29%和 44%。这表明产业资本的发展需要金融资本的支持，而金融资本需要产业资本延续其价值。第三，外国投资者都在非金融公司中持有一定比例的股份，但是比例都不大，可见即便是发达国家，不同的国家对资本流动仍有一些管制。

表 3—4　　美国、英国、德国、日本非金融公司股份分布（%）

持股单位	美国	英国	德国	日本
1. 金融部门	46	62	29	44
商业银行	0	1	14	22
非银行机构	46	61	15	22
保险公司	5	17	7	17
养老基金	26	34	0	1
共同基金	11	7	8	3
其他金融机构	4	3	0	1
2. 非金融部门	54	39	71	56
非金融企业	0	2	39	24
公共机构（政府）	0	1	4	0
个人投资者	49	18	17	24
外国投资者	5	16	12	7
其他	0	2	0	0
合计	100	100	100	100

资料来源：OECD，“Financial Market Trends，” No. 62，Dec. 1995，Paris.

虽然四个主要发达国家非金融公司的企业股权结构和分布有一定相似之处，但它们之间的区别还是很明显的：第一，四个国家的商业银行对企业的持股比例相差很大，日本和德国的比例分别是 22%和 14%，如果算上信托银行持股，日本为 26.1%，德国的全能银行比例更高。

而英国立法对商业银行持股的范围进行了限制，所以，英国银行几乎不持有非金融公司的股份。第二，非金融公司之间的相互持股情况不同。日本和德国的非金融公司相互持股的比例分别为24%和39%，美国和英国则几乎为0。相互持股制度在英美等国几乎杜绝，同时，美英有关内幕交易、兼并重组、信息披露等法律法规限制了非金融公司相互之间股权转让的行为，除非公司持有对方的股份是为了收购对方。但是，相互持股制度在日德却很流行，同时日德两国注重发展企业集团，这种组织形式也会助长相互持股的发生。第三，机构投资者的构成和持股地位存在明显差别。美国和英国机构投资者主要是养老基金和共同基金，而在日本和德国，保险公司相对比较重要。但是机构投资者的持股比例相差明显。美国和英国的机构投资者分别持有46%和61%的股份，而日本和德国分别只有22%和15%的非金融公司的股份被机构投资者持有。第四，个人投资者持股数量差别很大。美国的个人投资者大约持有49%的非金融公司股份，这个数据还不包括个人投资者通过共同基金、养老基金和信托机构等机构投资者间接对企业进行的投资。个人投资者是美国最主要的投资群体，也是非金融公司主要的融资来源，因此，个人投资者如何参与公司治理、如何对经理层进行监管是市场导向型融资模式所面临的公司治理问题。而日本、德国的个人投资者的持股比例较低，为20%左右。它们主要面临的问题是商业银行作为企业融资的核心对象，如何发挥债权人的作用，参与公司的内部治理，使得企业的运作能够达到股东和债权人双赢的效果。

3.1.4 不同融资模式对债权人地位的影响

弗兰克斯和迈耶（Franks and Mayer，1995）在研究中发现，德国银行提供给企业的贷款中有2/3为长期贷款，而英国的这一数字只有

1/3。这就证明德国企业的债权人主要是银行。同时，在美国和英国，机构投资者控制着大部分上市公司的股份，而法国和德国上市公司的股东主要是个人。德国的全能银行并不主要通过持有公司股份对公司施加影响，而是通过代理投票权、派驻董事监事等制度对公司的内部治理进行参与。而日本的主银行既是企业债权人又是企业的股东。据此，弗兰克斯和迈耶将以银行主导型融资模式为主的公司内部治理称为私人控制偏好型内部治理。在这种模式下，银行对企业的贷款期间比较长，公司股权相对集中，大股东对公司的决策拥有不可替代的作用，而银行作为债权人（有时也作为股东）参与贷款企业的内部治理。同时，两位学者将以市场导向型融资模式为主的公司治理称为市场控制偏好型外部治理。在这种模式下，机构投资者对企业的运营起到了比较关键的作用，但是由于股权分散，谁也不可能“一股独大”，直接控制公司的生产经营。在不同的公司治理模式下，债权人的地位和职能完全不同。

首先，依据的理论基础不同。私人控制偏好型内部治理机制基于利益相关者理论，而市场控制偏好型外部治理机制崇尚股东主权。由于英美等国的资本市场比较发达，机构投资者是公司的主要融资对象，所以英美公司崇尚股东主权（shareholder sovereignty），企业就是股东财富最大化的组织，股东通过企业实现自身的目的。所以，除了股东以外，其他利益相关者（债权人）很难直接对企业的内部治理进行直接的参与或者对公司决策造成影响。但是德国公司和日本公司十分注意兼顾股东、债权人、雇员和经理人员的利益。在德国，公司的监事会由股东、债权人和雇员组成，同时由监事会对经理人员进行任命，这就是“双层董事会体制”；在日本，企业被认为是一种自治经济体（autonomous economic entity），这一经济体是由股东、债权人、雇员、经理人员等不同参与者构成的有机联盟（organic coalition），其主要目标是追求企业自身的持续、良性、稳定的发展而不单纯是为了追求股东财富最大化。对日本的金融机构来说，内部企业不应以自身利益最大化为目标，而应该服务于以商业银行为核心的整个集团的利益。因此，企业经理的决策并不是都有利于股东，都以股东利益最大化为前提，只要这一决策有利于整个财团的利益就不会被认为是错误的，甚至会得到赞许和鼓励。这种现象在美国、英国的公司是绝对不被允许的，这就是日本、德国等国的经理人员投资时间视界（time horizons）超过美国、英国的重要原因。

其次，债权人和股东角色不同。在私人控制偏好型内部治理机制下，债权人和股东的身份可以互相转换甚至混同，而在市场控制偏好型外部治理机制下则不可能。在私人内部治理机制下，债权人往往大量持有公司的股份，这就导致了持股集团实际控制的投票权超过了他们实际的持股比例，因为持有股权的债权人十分重视对投票权的积累和控制，他们持股的目的一方面是为了保证自己的债权能够安全地实现，另一方面是为了牢牢地控制债务公司，以实现中长期的公司战略发展目标，而并不单纯是为了获得短期盈利。在私人内部治理机制下，家族、非金融公司、商业银行、保险公司等以各种债权、股权的形式渗透到公司治理之中，彼此之间形成十分稳固的关系，中小股东很难影响大股东的经营决策，公司经理层由大股东（或大债权人）任命，完全听从大股东（或大债权人）的支配，企业的主要矛盾是中小股东和大股东之间的矛盾，基本不存在股东与经理层之间的利益冲突。相反，在市场控制偏好型外部治理机制下，企业主要通过股票市场上的中小投资者提供资金支持，公司的股权结构极为分散，债权融资的方式也多为公司债，而银行贷款则不是主要的公司融资方式，所以，作为公司债的主要购买者——机构投资者是比较强势的一方。但是，在这种情况下，公司股权极为分散，机构投资者也种类繁多，没有哪一个机构投资者或者股东能在公司中起到决定性的作用。这时，经理层自然就以一种独立的势力出现并填补控制权真空，而股东、公司债权人就很容易受到掌握公司控制权的经理层的侵蚀，这时就需要公司债权人、股东更多地对公司内部治理进行参与，对经理层进行监督。

很显然，在内部治理机制下债权人具有参与公司内部治理的权利，有利于债权人的保护。这种治理模式的优点有以下几点：

第一，使债权人和经理人的关系内部化。在私人控制偏好型内部治理机制下，债权和股权投资者决定着主要经理人员的任免。普劳斯（Prowse，1990）指出，在这样的企业里，大股东和大债权人直接控制着企业的经营，作为向企业提供股权融资和债权融资的资本持有者对企业的人事选择、企业战略、市场定位、资本结构等企业核心问题具有重要的影响力，对于企业的重大事项拥有否决权。① 债权人不仅与公司的经营者保持着长期稳定的客户关系，形成了一定的默契，甚至不同债权人之间也有很多共同的利益。这种长期稳定的关系有利于企业追求长远利益，追求一种对企业发展更加有利的长远投资行为，在一定程度上避免了企业经营者的短期行为。青木昌彦（1984）指出，日本企业将金融资本提供者和人力资本提供者之间的讨价还价内部化而非市场化，债权人和经营者在长期稳定的合作关系的基础上实现利益均衡，这就是以主银行制为主导的内部治理机制。②

第二，债权人和股东之间的矛盾比较小。内部治理机制使债权人与

① See Prowse, S. D., "Institutional Investment Patterns and Corporate Financial Behavior in the United States and Japan," *Journal of Financial Economics*, 1990 (27): 43-66.

② See Aoki, M., *The Cooperative Game Theory of the Firm*, Oxford University Press, 1984.

股东之间的利益冲突不如外部治理机制那么严重。Hoshi（1991）认为，如果银行既是企业的债权人又是企业的大股东，那么就不存在债权人和股东的矛盾了，企业也不会将借来的资金用于高风险的项目来赌博了，这就减轻了代理成本。[①]

第三，债权人经常向债务企业提供帮助。由于银行和企业之间形成了长期的关系，那么当企业出现财务危机、经营危机等情况时，银行就会通过注入资金、参与重组等方式来帮助企业渡过难关，这就降低了企业的破产风险和破产成本。同时，企业与银行相互持股也会降低集团的经营风险。中谷（Nakatani，1984）认为日本企业与银行组成相互持股的联盟和集团，主要是为了降低集团内部的经营风险和财务风险，稳定整个集团而不至于被收购和兼并。[②]

但是，任何制度都有其两面性，虽然内部治理机制很好地保护了债权人的利益，但是这种制度本身对于整个公司的发展也存在着明显的缺陷。

在私人控制偏好型公司融资和内部治理机制中，债权人、股东代替公司控制权市场发挥约束经理层的作用，但是一旦他们对经理层的监督生效就会导致经理层的失误无法得到及时纠正，其危害可能会在以后的时间里被放大。在日本和德国的企业里，员工和经理通常受到了良好的保护，其利益不会轻易受损。德国的工会制度十分完善，日本有“终身雇佣制”这样的制度，都是为了更好地保护员工和企业经理的利益和职业生涯，这就导致了只要经理层和员工没有表现出严重的能力低下或者

① See Hoshi，T. A. Kashyap and D. Scharfstein，“The Role of Banks in Reducing the Costs of Financial Distress in Japan，” *Journal of Financial Economics*，1990（27）：67－68.

② See Nakatani，L.，“The Economic Role of Financial Corporate Grouping，” in M. Aoki (ed.)，*The Economic Analysis of the Japanese Firm*，North Holland，Amsterdam，1984.

出现严重的错误，公司就不会解雇他们，所以经理和员工的观念老化、创新动力不足、企业竞争能力下降、人事关系拉帮结派等问题就在所难免。相比之下，美国、英国等采取市场控制偏好型融资模式的国家，公司治理推崇外部治理。上市公司经理层的创新能力较强，因为通过市场手段，频繁的收购兼并促使企业经理不得不想尽一切办法开拓市场、研发新技术、优化治理结构来提高企业的效益，使企业的股价保持在高位从而使得别人很难对其进行收购和兼并，因为一旦公司被收购就意味着自己被解雇。所以，华尔街流行的一句话就是“企业怕破产、高管怕接管”。

3.2　立法为债权人参与公司治理提供了制度保障

从 20 世纪 80 年代以来，国外出现了许多关于公司利益相关者保护的立法实践。这些立法实践的核心含义是要求公司不仅要为股东的利益负责，也要为公司的利益相关者的利益负责。在众多的利益相关者之中，债权人是企业重要的利益相关者，所以要求公司为利益相关者负责就必然要求公司主动考虑债权人的利益并为之负责。进一步说，如果公司主动考虑债权人的权益，那就意味着在公司治理结构中包含保护债权人权益的机制和安排，否则，对债权人权益的保护就只是一句空话。因此，有些国家和地区的司法实践已经允许公司债权人参与公司治理。

3.2.1　立法理念的改变——利益相关者成为立法保护的对象

从 20 世纪 80 年代开始，无论是英美法系国家和地区还是大陆法系国家和地区都对公司法进行了改革，其中，对利益相关者利益的保护成为了各国公司法关注的对象。[①] 首先，在以股东单边治理结构和股东利益最大化为公司治理终极目标的美国，开始了公司法的改革。迄今为止，美国已经有29个州修改了公司法。[②] 新公司法要求企业经营者不仅要为股东服务，也要为企业利益相关者服务。新公司法加强了对企业利益相关者的保护，这种改变是针对当时兴起的公司间的恶意收购浪潮。在资本市场不完全的条件下，公司之间的收购变得容易，而收购者和出卖者都对公司的经营不感兴趣，而是一种纯粹的投机。虽然股东接受恶意收购获得了属于自身的利益，但是这种决定并没有考虑企业的长期发展，甚至对于企业的长期发展是有危害的。事实上，恶意收购最大的危害是交易成本上升，社会契约被破坏。企业在经营发展过程中所形成的人力资源体系、团队合作模式、供销网络默契、组织管理架构、企业内控体系、企业文化价值、企业家才能等资源被股东短期获利所打断，而这些表外资产[③]的损失给公司的长期可持续发展带来了很多困难，阻碍了公司长期健康的发展和价值的实现。于是，美国各州纷纷修改公司法以遏制这种恶意收购所带来的危害。法律要求企业对比股东更广泛的利益相关者负责。美国企业以利益相关者共同参与公司治理为制度创新，企业员工、债权人、重点客户、财务法律专家都进入了公司内

---

① 不同国家有着不同的法律体系。一般来说，可以把世界范围内的法律体系分为两大类：英美法系和大陆法系。英美法系来自盎格鲁-撒克逊法律体系，以判例法为主要形式，主要是英国、美国、印度、澳大利亚等原先英属殖民地国家使用；大陆法系由古罗马法律体系产生，以成文法为主要形式，主要使用国家有法国、德国等欧洲大陆国家，以及亚洲的日本、韩国和我国台湾地区等。

② 美国法院组织复杂，分为联邦法院和州法院两大系统，每个州都有每个州自己的法律体系，适用各自的宪法和法律，管辖不同的案件和地域。州法院一般由州初审法院、州上诉法院和州最高法院组成。

③ 表外资产是指财务报表以外的企业价值，通常表现为企业的内控体系、薪酬体系、营销渠道、企业家才能、团队合作、企业文化等需要经过多年实践才能形成的结果。这些价值往往才是企业的核心竞争力。

部治理，使得公司的业绩得到改善，提高了公司的运作效率。[①]

美国特拉华州的公司法规定，每一家公司可以在它的组成公司的证明文件中授权任何种类债券持有人或其他已由公司发行的或即将发行的债务证书的持有人以权利，使其能够在组成公司的证明文件规定的范围和方式内对有关公司业务和公司管理等问题参与表决，以及可以授予上述各类债券持有人或其他债务证书持有人同样的检查公司簿册、账本和其他记录的权利以及其他权利……如果组成公司的证明文件有规定，便可以认为上述各类债券持有人或其他债务证书持有人应被视同为公司股东，其所持有的各类债券或债务证书应被视同为公司股票。[②]

可以看出，美国特拉华州以法律的形式确认了公司可以授权债权人享有和股东同样的权利，法律认可这样的授权，债权人与股东具有同样的法律权利，其中自然包括监督公司经营者、对公司的重大经营决策进行投票的权利。

《加拿大公司法》制定了董事对债权人承担义务和债权人派生诉讼制度（详见第6章），直接赋予了债权人参与公司内部治理的权利。英国《哈姆佩尔报告》（Hamper Report）也规定公司必须关注利益相关者的利益，包括雇员、客户、贷款人等，只有维护好与利益相关者的关系，公司才能更加成熟地承担对股东的义务并且成功地谋求公司的长期发展。[③] 荷兰的公司治理原则指出，公司必须在风险资本提供者的利益和其他利益相关者的利益之间寻求一种有效的平衡，即从长期看，风险资本的投资者与其他利益相关者之间不应当存在利益上的冲突，所有的

---

① 参见郭金林：《企业产权契约与公司治理结构——严禁与创新》，214页，北京，经济管理出版社，2002。

② 参见《特拉华州普通公司法》第8篇第221节。

③ 参见潘彬婷：《利益相关者治理模式与债权人利益保护之关系研究》，中国政法大学硕士学位论文，2008。

利益相关者实际发挥其全部的影响力，公司应以多种方式对各种利益相关者承担责任。[①]

1995 年 5 月 OECD 通过的《公司治理结构原则》（下称《原则》）确立了五条公司治理的原则供各成员国制定公司治理结构的法律和法规参考，其中一条是：公司治理结构的框架应该赋予利益相关者合法的权利并鼓励公司与利益相关者保持积极、长期、健康的合作，以及共享共同的创造财富和工作机会。[②] 这一条明确了利益相关者的合法权利。同时《原则》还进一步指出，公司的成功是集体力量的结果，离不开债权人、雇员、供应商的通力配合，在企业的发展过程中，各类资源都作出了自己的贡献，与利益相关者长期合作是为了公司的长远利益。[③]《原则》中还特别提到，公司的治理结构应该确认利益相关者的权利，使其发挥各自的作用，提高企业的绩效。利益相关者在多大程度上参与企业内部治理应该依据国家法律和惯例。公司治理机制应该能够使利益相关者和股东、管理者的利益趋同，共同提高企业的经营业绩。[④]《原则》关于利益相关者的规定不仅明确了利益相关者的利益不受侵犯，还赋予了利益相关者参与公司内部治理的权利。作为重要的利益相关者——债权人，同样有权利参与到公司的内部治理结构中，以维护自身的利益。

在亚洲，1994 年由日本经济同友会发起制定的《日本公司治理原则》提出了 16 条公司治理的原则，其目的是想具体地制定出能够实现所有利益相关者利益的日本型公司治理架构。该原则指出，公司，尤其是股份公司，是由股东、经营者、雇员、消费者、供应商、债权人等利

---

① 参见李维安主编：《中国公司治理原则与国际比较》，348 页，北京，中国财政经济出版社，2001。

②③④ 参见邓恒、柳红：《对 OECD〈公司治理结构原则〉的注释》，载《经济社会体制比较》，1999（5）。

益相关者构成的协作组织。韩国1999年通过了《公司治理最佳实务准则》。该准则规定，利益相关者为保护其利益应当有接近相关信息的途径，利益相关者参与公司治理的形式与水平应视各公司的不同情况确定，不宜一概而论，应根据公司的特点，通过与各相关方的合同或讨论，最终确定债权人参与公司治理的形式与水平。①

我国《公司法》2005年修订时增加了关于公司社会责任的规定。《公司法》第5条规定，公司从事经营活动，必须遵守法律、行政法规，遵守社会公德、商业道德，诚实守信，接受政府和社会公众的监督，承担社会责任。这一条规定了公司不仅应对股东负责，同时也应该承担相应的社会责任。这体现出我国《公司法》的制定已经有了向利益相关者倾斜的趋势，但是《公司法》本身并没有规定公司具体应该承担何种社会责任，同时应该对哪些利益相关者负责，这些具体问题需要《公司法》的进一步完善。

3.2.2　具体制度的设计体现了法律对债权人的保护——法学理论的角度

1. 公司人格否认制度——对公司有限责任的限制

公司人格否认制度是指为了规制股东滥用公司有限责任制度，保护包括公司债权人在内的利益相关者的利益，在特定的法律关系中、在特定的情况下对公司的人格及有限责任加以否定的制度，这个制度也叫“揭开公司面纱”（piercing the corporate veil）制度。公司之所以在社会经济生活中起到了重要作用，主要依靠的是公司人格独立和股东有限责

---

①　参见李维安主编：《中国公司治理原则与国际比较》，280页，北京，中国财政经济出版社，2001。

任制度，这种制度由于降低了股东的风险，所以极大地增强了投资人的热情，从而推动了经济的发展，成为了刺激经济的有力杠杆。但是物极必反，公司人格独立和股东有限责任制度是一把“双刃剑”，如果公司为了追求利益最大化而滥用这种制度，不仅不能起到推动经济发展、繁荣市场的作用，反而经常对债权人和社会利益造成侵害，公司人格独立制度成为规避责任的工具。于是，公司法人否认制度就成为了公司有限责任制度的补充，其目的在于防范股东滥用公司人格独立和有限责任制度来逃避债务和责任，从而保护包括债权人在内的利益相关者的利益，维护公共利益和社会正义。

公司人格否认制度最早由美国法院通过判例提出。在 1905 年“美国诉密尔沃基冷藏运输公司（U. S. vs. Milwaukee Refrigerator Translation Co.）”一案中，法院在判决中写道：公司法人的独立人格只是原则上被承认，但如果这种制度被用来使不法行为合法化，从而损害公共利益，法院将考虑直接追究在公司“面纱”掩藏下的股东个人责任，以实现公平。[①] 公司人格否认制度在美国被形象地称为“揭开公司面纱”制度，是美国法官 20 世纪初创立的制度。[②] 这项制度在美国的应用比较普遍，公司规模无论大小、股东数量无论多少都可以适用。英国公司人格否认制度在 20 世纪六七十年代逐渐出现。英国法院认为，立法机关可以锻造一柄能砸开公司外壳的重锤，甚至无须借助于此锤，法院时刻准备好进行砸开公司外壳的尝试。可见，在英国即使没有对公司人格否认制度的立法，法院在特定情况下也可以通过判决这样

① 参见漆思剑：《公司人格否认制度的比较研究》，载《广西师范大学学报（哲学社会科学版）》，2006（2）。

② 由于美国是判例法国家，法官可以根据案件的具体情况创立新的法律制度，并对今后的判决起到约束作用。

做，在揭开公司面纱之后，法律可以超越法人人格而直接追及个人成员。

在美国法院制定法人人格否认制度之后，大陆法系国家也在立法中开始使用这个制度。德国的公司人格否认制度叫作“直索责任”制度。“直索责任”制度是德国为了弥补有限责任制度的缺陷而设计的制度。如果公司股东滥用其有限责任并给第三人造成损失，受侵害人可以越过公司直接对公司的股东进行追索，要求股东承担责任。同样，如果母公司滥用自身的地位对子公司进行控制，损害了债权人的利益，债权人也可以越过子公司直接要求母公司承担责任。这种“直索责任”制度和英美法的“揭开公司面纱”制度的功能是一致的。日本法律则创立了一种“透视”理论。《日本公司法》规定，可通过“透视”公司背后的行为来考察对公司人格的利用是否符合“法的秩序”，如果公司独立人格被滥用，则法院会排除股东有限责任而使其承担无限责任。

在我国，2005年《公司法》增加了公司人格否认制度。

《公司法》第20条规定，公司股东应当遵守法律、行政法规和公司章程，依法行使股东权利，不得滥用股东权利损害公司或者其他股东的利益；不得滥用公司法人独立地位和股东有限责任损害公司债权人的利益。公司股东滥用股东权利给公司或者其他股东造成损失的，应当依法承担赔偿责任。公司股东滥用公司法人独立地位和股东有限责任，逃避债务，严重损害公司债权人利益的，应当对公司债务承担连带责任。

第21条规定，公司的控股股东、实际控制人、董事、监事、高级管理人员不得利用其关联关系损害公司的利益。违反前款规定，给公司造成损失的，应当承担赔偿责任。

第 63 条规定，一人有限责任公司的股东不能证明公司财产独立于股东自己的财产的，应当对公司债务承担连带责任。

我国《公司法》关于公司人格否认制度的规定虽然只有以上 3 条，但是毕竟从无到有，对我国法人制度是有益的补充，有利于促进我国公司制的完善和发展，形成真正独立的法人人格。这证明我国《公司法》已经对法人人格独立制度持有保留，对债权人进行了有益的保护。

2. 公司债债权人会议——债权人直接参与公司治理

由于发行债券已经成为很多公司主要的融资手段，所以公司债债权人会议应运而生。债权人会议又叫债券持有人会议（meeting of debenture holders），是指：由同次公司债债权人所组成，就有关公司债债权人之共同利害关系事项而为决议，其决议对全体同次公司债债权人均能发生效力之法定、临时之合议团体。[①] 需要注意的是，公司债债权人会议与股东大会不同，它不是公司的常设机构，而是存在于公司之外的合议团体。公司债债权人会议与发行公司处于对立关系。世界上很多国家都通过立法确立了公司债债权人会议的地位，并规定其在一定条件下可以参与公司内部决策。

《日本商法典》第 319 条规定，经法院许可，公司债债权人会议可以就与公司债债权人的利害有关的重大事项作出决议……公司债债权人会议的决议因法院认可而发生效力，对全体公司债债权人均有其效力。《法国商事公司法》规定，同一次发行的公司债债券持有人，为维护其共同利益自动组成享有民事法律人格的集团；同一集团的公司债债权人大会可在任何时候举行会议。[②]《意大利民法典》第 2415 条第 2 款规定，在董事或者共同代理人认为有必要时，或者在占发行的有效债券总数二

① 参见孙怡红：《论大陆法系的公司债债权人会议制度》，载《商场现代化》，2007（6）。

② 参见伊夫·居荣：《法国商法》，823 页，北京，法律出版社，2004。

十分之一的债券持有人提议下，董事或共同代理人应当召集债券持有人大会。第2416条规定，债券持有人大会对全体债券持有人，即使是未出席会议的持有人或者有异议的持有人，均产生约束力。[①] 我国台湾地区《公司法》第263条第一项规定，发行公司债之公司、公司债债权人之受托人或持有同次公司债总数百分之五以上的公司债债权人，得为公司债债权人之共同利害关系事项，召集同次公司债债权人会议。美国在1939年《信托契约法》（Trust Indenture Act）中规定了发行公司、受托公司和公司债债权人均可召集公司债债权人会议。《瑞士债法典》第1165条规定，债权人会议由债务人召集。持有发行股本二十分之一以上的债权人或者债权人集团的代表可以以书面形式要求召集债权人会议。

此外，比利时、韩国、德国等国都对债权人会议进行了立法，规定了公司债债权人会议召开的条件，并允许其在特定情况下可以参与到公司的内部决策之中。这种制度是一种典型的债权人参与公司内部治理的方法，为债权人参与公司治理打开了大门。

3. 债权人派生诉讼

债权人派生诉讼是从“股东派生诉讼”中演化过来的。所谓股东派生诉讼就是股东可以以自己的名义对高管或者大股东损害公司的行为提起诉讼。在没有股东派生诉讼制度之前，董事、监事、经理给公司造成损害时，按照诉讼法，诉讼的原告只能是公司（因为是公司利益遭受直接损害），公司要提出诉讼就要经由公司的法定代表人，但公司的法定代表人往往就是公司的大股东或者高管。中小股东无法通过诉讼途径对董事、监事、经理的赔偿责任寻求司法救济，也无法通过诉讼追究公司

① 参见孙怡红：《论大陆法系的公司债债权人会议制度》，载《商场现代化》，2007（6）。

的董事、监事和经理的法律责任。所以，这样的制度设计是不能有效约束经营者的行为的。英国 1828 年率先创设了股东代表诉讼制度，即股东可以以自己的名义对高管或者大股东损害公司利益的行为提起诉讼。美国最高法院在 1857 年的一个判决中即宣布：当董事、经理或第三人的行为侵害公司的利益，而公司拒绝就此起诉时，任何股东均有权以自己的名义对侵害起诉。随后，西方国家纷纷效仿，建立了股东代表诉讼制度。我国 2005 年《公司法》也规定了这种制度。

《公司法》第 151 条规定，"董事、高级管理人员有本法第 149 条规定的情形的，有限责任公司的股东、股份有限公司连续 180 日以上单独或者合计持有公司百分之一以上股份的股东，可以书面请求监事会或者不设监事会的有限责任公司的监事向人民法院提起诉讼；监事有本法第 149 条规定的情形的，前述股东可以书面请求董事会或者不设董事会的有限责任公司的执行董事向人民法院提起诉讼。

监事会、不设监事会的有限责任公司的监事，或者董事会、执行董事收到前款规定的股东书面请求后拒绝提起诉讼，或者自收到请求之日起 30 日内未提起诉讼，或者情况紧急、不立即提起诉讼将会使公司利益受到难以弥补的损害的，前款规定的股东有权为了公司的利益以自己的名义直接向人民法院提起诉讼。

他人侵犯公司合法权益，给公司造成损失的，本条第一款规定的股东可以依照前两款的规定向人民法院提起诉讼。"

股东代表诉讼是通过对实施了机会主义行为的经营者的监督，使经营者在想实施机会主义行为之前作出权衡。当具有经济人理性的经营者考虑到实施后果的严重性时，他们可能会抑制自己的行为，为全体股东的利益去履行自己的职责。

同样，债权人派生诉讼也是这个道理。如果企业的高管或者大股东对企业实施了侵害，这会直接影响到债权人权利的实现，但是，债权人对高管侵害公司本身的行为并没有诉讼的权利。债权人即使知道这件事情，也只能通过谈判甚至抗议等手段来呼吁，并不能从司法层面制止对企业本身的侵害。所以，《加拿大公司法》规定了“债权人派生诉讼”制度。与股东派生诉讼制度一样，债权人也有权对企业的高管或者大股东侵害公司的行为提起诉讼，要求司法介入、阻止这种侵害的发生或持续。

从国外的情况看，目前只有加拿大等少数国家规定了债权人代表诉讼制度。《加拿大公司法》第238、239条规定，公司任何关联人均可向法院提出申请，要求准其代表公司或其附属法人团体提起或介入以这些法人团体为当事人的诉讼。[①] 美国虽无债权人代表诉讼的规定，但在公司治理实务中，可通过投保董事和公司要员责任险（D&O liability insurance）而减少有限责任制度对债权人风险的“转嫁”，即赋予债权人对董事的直索权。大陆法系中《日本商法典》第267条第5项规定，债权人可就公司合并无效对董事提起代表诉讼。意大利、比利时等国的公司法也规定债权人可就董事未尽勤勉义务对其提起诉讼。

4. 董事对债权人承担义务

董事对债权人承担义务。在传统的法人理论中，公司作为法人，对外承担一切责任。股东对公司进行了投资，其投资后的资金在产权属性上已经不属于股东本人，而是属于公司这个“法人”。股东对公司所欠的债务没有偿还义务，具有偿还义务的只有公司本身。而企业的高管只是股东的代理人，和股东之间是委托代理关系。高管只是“受人之托，忠人之事”，并不对股东以外的任何人负责。从这个逻辑出发，股东对

① See Canada Business Corporation Act, Section 23.

公司所欠的债务没有偿还义务，高管自然也没有。然而，在现代企业制度下，经营权和所有权严重分离。企业名义上是由股东投资兴建的，但是由于股权分散、信息不对称、股东怠于公司治理等问题，企业的实际控制权很大程度上掌握在高管手中。而债权人的权利是否能够得到实现，全凭公司的经营状况，而公司的经营往往不是由股东而是由公司高管来掌控的。所以，很多国家的公司法出于保护债权人的利益这个目的，对高管规定了附加义务，规定高管与公司对债权人的债务具有连带责任。如果高管因没有尽到勤勉义务导致公司经营不善或者高管通过各种手段转移公司财产逃避债务，那么高管则要承担相应的法律责任。

英美公司法通过一系列判决确立了董事在一般时期和一般场合下对公司债权人承担民事义务的原则。这一原则始于梅森（Mason）在 1976 年“Walkery vs. Wimborne”一案中作出的判决。法院认为，公司董事在履行对公司所承担的民事义务时，必须同时考虑股东和债权人的利益。如果董事没有考虑债权人的利益，则不仅使公司遭受不利的后果，董事自己也要承担责任。法官 Templeman 在“Winkworth vs. Edward Baron Development Co. Ltd.”一案的判决中写道：公司对其债权人，无论是现在还是未来，均要承担民事义务。公司并无义务在债务数目较多之际即全部清偿其每一部分，亦无义务避免从事所有具有冒险性质的商事活动，但是，公司对其债权人承担保证公司财产不受损害的义务。公司的意思以及公司的管理活动被委托给了公司董事，公司董事对公司和公司债权人承担确保公司事务得到适当管理的义务，对公司债权人承担公司财产不会以牺牲债权人利益的方式和满足公司董事的个人利益的方式被耗散或被使用的义务。[①] 澳大利亚法院在“Jeffree vs. National

① 参见张民安：《公司法上的利益平衡》，104 页，北京，北京大学出版社，2003。

Corporations and Securities Commission”一案中引述了法官 Templeman 的上述判词，认为公司董事无论是现在还是将来对于公司债权人均负有受信托义务。董事如果违反此种受信托义务，公司债权人可以向法庭提起诉讼，要求董事承担责任。新西兰上诉法院法官在“Trevor Ivory Ltd. vs. Anderson”一案中认为，公司高管在经营公司的过程中，应该对债权人承担注意义务，董事如果违反这种义务而使债权人的利益遭受损失，董事应当对债权人的损失承担赔偿责任。[①] 美国《特拉华州普通公司法》规定，公司董事具有下列情形之一的应当承担相应责任，包括违反忠实义务、恶意或明知违法而作为或者不作为、同意非法分配股利、通过内幕交易等违法行为获取利益。[②]

大陆法系国家通过立法的形式确立了董事对债权人承担责任的制度。

《德国股份法》第 93 条第 5 款规定，以公司的债权人不能从公司取得清偿为限，公司的赔偿请求权也可以由公司的债权人主张。但在第 3 项的情形以外的其他情形，只有在董事会的成员已严重违背通常及认真的业务执行人之注意时，才适用此种规定……公司的财产已开始无力支付能力程序的，在程序期间，由无力支付能力公司的管理人或财产监督人行使债权人对董事会成员的权利。[③]

在日本，董事依照商法的特别规定对第三者负损害赔偿责任。《日本商法》第 266 条第 2 款规定，董事实施违反法令或章程的行为时，经股东会决议，该董事亦应对第三者负连带赔偿责任。[④] 《日本公司法》

---

① 参见刘海鸥：《论上市公司董事对公司债权人的连带责任》，载《财经理论与实践》，2007(3)。

② 参见徐文彬等译：《特拉华州普通公司法》，北京，中国法制出版社，2010。

③ 参见《德国股份法》，42 页，北京，中国政法大学出版社，2000。

④ 参见《日本商法典》，71 页，北京，中国法制出版社，2001。

第 429 条第 1 款规定，公司负责人等就执行其职务有恶意或重大过失时，该公司负责人等承担赔偿由此给第三人造成的损害责任。

《瑞士债法典》第 26 章股份有限公司第 754 条规定，负有指导、管理或者监督公司事务的责任的任何人，均应当对其因故意或者过失未能履行职责而造成的损失向公司、股东或债权人负赔偿责任。第 755 条规定，股东或者债权人因可归责于公司发起人、董事、经理人员、监事或者清算人员的事由导致公司亏损而受有的间接损失，其赔偿请求权以公司获得的赔偿金为限。[①]

《韩国商法》第 401 条规定，董事因恶意或重大过失懈怠其任务时，该董事对第三人承担连带赔偿损害的责任。第 3 条第 2 款、第 3 款（赞成决议的董事的责任）的规定，准用前款之情形。[②]《韩国民法典》第 35 条规定，法人就董事会其他代表人，关于其职务所加于他人之损害，有赔偿责任。董事或其他代表人，并不以此而免除其自己之赔偿责任。第 36 条规定，依法人目的范围外之行为，所加于他人之损害，对于其事项之决议赞成或执行其决议之社员、董事及其代表人，应负连带赔偿责任。

---

① 参见《瑞士债法典》，228～229 页，北京，法律出版社，2002。

② 参见《韩国商法》，89 页，北京，中国政法大学出版社，1999。

第4章

债权人参与公司治理的理论基础

4.1 公司所有权理论的演进——状态依存所有权理论

在法学理论中，所有权的含义是：所有权人依法对自己的财产所享有的占有、使用、收益和处分的权利。它是一种财产权[①]，所以又称财产所有权。所有权是物权[②]中最重要也最完全的一种权利，具有绝对性、排他性、永续性三个特征，具体包括占有、使用、收益、处分四项权利。在经济学上，所有权的概念与产权的概念类似，我们经常强调企业要“产权明晰”，其实就是说企业的所有权要明确，换句话说，就是这个企业到底是归谁所有。经济学家认为企业的剩

---

① 这里所说的财产权是区别于人身权而言的。

② 物权是民事主体在法律规定的范围内，直接支配特定的物而享受其利益，并得排除他人干涉的权利，包括所有权、用益物权和担保物权等种类。

余索取权和剩余控制权的归属决定了企业的权利归属，并且剩余索取权和剩余控制权应该是固定不变的，并不随着时间的持续、环境的改变而发生变化。传统经济学认为，企业是一系列契约的核心，与企业签订契约者都与企业形成了一定的权利义务关系，这些签订契约的参与者让渡一部分权利给企业，同时从企业中获得一定的收益。比如，职工出卖劳动换取薪酬，但并不承担企业经营的风险和损失，无论企业经营是好还是坏，职工都会获得劳动契约上所规定的薪酬待遇；债权人让渡资本取得一定的利息，其本身也不承担企业经营的风险与损失，无论企业盈利还是亏损，企业都有义务偿还所欠的债务；但是股东与职工和债权人不同，股东出资但是承担企业经营风险和损失，企业盈利则股东收入多，企业亏损则股东遭受损失。只有股东的命运与企业成败息息相关，所以传统经济学认为只有股东具有获得企业剩余索取权和剩余控制权的权利，所以企业理所应当归股东所有。

与物质所有权相比，企业所有权的显著特征是它的状态依存性。所以，企业所有权是一种状态依存所有权。企业所有权的状态依存特征，是指企业所有权不固定安排给哪一个合约主体永久拥有，而是根据企业状态的实际情况，安排给相应的合约主体，或者说，在某种企业状态下企业所有权安排给甲主体，但在另一种企业状态下，企业所有权又可以安排给乙主体。企业状态是指企业的生产经营状况。在市场经济条件下，企业状态常用企业总收益衡量。不同的企业总收益对应着不同的企业所有权依存状态。

但是，状态依存所有权理论认为企业的剩余索取权和剩余控制权并非一成不变，而是随着企业经营状况的变化而变化。布莱尔认为，如果设企业的总收入为 x，职工工资为 w，债务本息为 r，并要求工人的剩余索取权优先于债权人[①]，x 在 0 到 A（A 是企业最大可能的收入）之间分布，同时设企业在存在委托代理成本的情况下存在一个股东满意利润 π，那么就会存在以下情况：

（1）如果企业的利润大于 π，那么在存在委托代理条件下，股东不需要也没有兴趣干涉管理层对公司的管理，管理层对于公司就可以比较随意地使用超额利润。所以，当企业处于“$A \geqslant w+r+\pi$”的状态时，管理层就是企业的实际控制者。

（2）如果企业的经营状况是“$w+r+\pi > A \geqslant w+r$”，也就是说，企业有盈利，但是没有达到股东满意的利润状态，那么股东这时候就不会让管理层随心所欲地控制公司，股东一定会参与公司内部治理，对管理层进行管理。这时，企业的控制权在股东手中。

（3）如果企业处于“$w \leqslant A < r+w$”的状态，此时公司的收入不足以抵偿公司的成本，股东的收益为零，在满足了工人工资的条件下，债权人的利益无法得到全部满足，这时候，债权人的利益无疑处于危险之中，所以此时公司所有权应该转移给债权人。

（4）如果企业处于“$x < w$”的状态，那么这时候企业就无法满足工人的工资需要，这时，工人就成为了企业的所有权人。[②]

从上面的数学公式我们可以看出，企业所有权究竟归谁取决于企业所处的经营状态，是随着公司经营状况的变化而变化的。企业的所有权不能绝对地、永远属于谁，其本身实际上是一种状态依存权。如果公司的收入大于其成本，那么股东应该拥有企业控制权；反之，如果公司资不抵债，那么债权人的利益就会受到威胁，债权人就应当行使企业控

① 生存权大于债务利息。

② 参见张维迎：《博弈论与信息经济学》，103 页，上海，上海三联书店、上海人民出版社，2001。

制权。

阿洪和伯尔顿认为不同的企业经营状态对应着不同的企业所有权安排。[①] 我国学者杨瑞龙认为，当企业的平衡格局出现变化时，公司的某些利益相关者的利益就会受到损失，这个时候就需要有一种机制来平衡这个状态，让受损失的一方可以保护自己的权利。这种平衡机制就是对于企业所有权的支配，因为只有受损失一方掌握了这种支配权，才能够有效地弥补自身的损失。同时，如果受损失方对企业实行再造，也很可能挽救这个企业，受损失方很有动力去做这件事情。[②]

杨瑞龙实际上是从公司经营发生状况之后的角度进行论述的。实际上，在公司经营的过程当中，股东、债权人、公司员工、高管都面临着企业经营不善的风险，因为企业的经营有着高度的不确定性，经营中的企业既可能是“$A\geqslant r+w+\pi$”，也可能是“$r+w\leqslant A<r+w+\pi$”和“$r\leqslant A<w+r$”，甚至可能会是 $A<r$。因此，企业的风险承担者不仅仅是股东，债权人、高管、经理都有份承担，所以企业的所有权应该是由这些风险共担的人共同拥有。

张维迎（1995）认为企业的融资方式不仅决定了企业的资本结构，也进一步影响了企业的内部治理模式。首先，企业的资本结构会对经营者的行为产生影响，在企业处于股权融资、债权融资的情况下，经营者思考问题的方式是不同的，这就会对企业的收入、利润、现金流产生影响。其次，企业外部投资者会根据企业的资本结构来判断企业的经营状况，通过对企业融资方式的判断，不同的投资者会出于不同目的从不同角度对企业进行评价。最后，企业的融资方式规定了企业剩余控制权和

---

① See Aghion, P. and P. Bolton, “An Incomplete Contract Approach to Financial Contracting,” *Review of Economic Studies*, 59：473-494.

② 参见杨瑞龙：《国有企业治理结构创新思路的选择》，载《现代经济探讨》，2000（1）。

剩余索取权的分配，在不完全契约条件下，企业的剩余控制权处于“依存状态”（state contingent）。股东是企业处于正常运转状态下的所有者，一旦企业面临破产、倒闭、资不抵债的情况，这时企业的控制权就转移到债权人（外源融资）或者企业员工（内源融资）手中。只有这样，才能使企业经营者和资本所有人之间的利益达到平衡，否则，对于资本所有人来说是很不公平的。

企业所有权状态依存特征的标志，是企业治理结构的调整。具体来说，就是董事会改选、经营者更换或债权人接管企业等等。企业处于不同的状态，对应着不同的治理结构和企业所有权的安排。所以，如果没有治理结构的变化或债权人接管企业，就不会有企业所有权的转移。但是，也并不能说，治理结构一旦发生变化，就一定会有企业所有权的转移。比如，单纯的董事会人员调整，就不一定更换经营者，所以也就没有企业所有权的转移。

假设在现实的企业中三类利益主体即生产者、股东和经营者都拥有企业所有权。生产者企业所有权是参与性权利，即参与股东企业所有权的权利；股东企业所有权是支配性权利，即企业的最终控制权；经营者企业所有权是操作性权利，即具体或实际经营管理企业的权利。那么，当企业状态变化时，到底是哪一类主体拥有的企业所有权会发生转移呢？也就是哪一类主体拥有的企业所有权具有状态依存的特征呢？

首先，分析生产者企业所有权。一般而言，生产者在企业中处于被监督和被管理的地位，所以，当企业发生状态变化时，生产者不需要承担任何责任。他们所拥有的企业所有权不会发生转移。

其次，分析股东企业所有权。受多种因素的影响，股东一般不直接经营管理企业，但是，当企业出现非正常状态时，比如，当企业亏损不能支付债权人合同收入时，股东就要承担风险，股东要把拥有的支配性企业所有权转移给债权人，所以，股东企业所有权具有状态依存特征。

最后，分析经营者企业所有权。经营者在企业经营管理中发挥着决定作用，因此，当企业出现不能支付生产者工资、不能支付债权人合同收入或不能支付股东最低收益的状况时，经营者应当承担全部责任，受到应有的惩罚，惩罚的手段就是剥夺授予给他的企业所有权，经营者的企业所有权将发生转移。

上述分析表明，并不是全部企业的所有权都具有状态依存特征，而只有经营者拥有的企业所有权和股东拥有的企业所有权才具有状态依存特征。企业所有权的状态依存特征是企业的一种自我调整和完善机制，这种机制的建立和运行，使企业得以生存、发展和富于竞争力，也使企业的各利益主体的利益得到保证。当企业出现非正常状态时，各利益主体的利益受到影响，这种机制将促使企业或者更换经营者，遏制和扭转不正常状态；或者由债权人接管企业，决定企业是清算还是重组。如果企业没有这种自我调整和完善的机制，将难以生存和发展。

状态依存所有权理论为债权人对企业拥有“所有权”提供了理论依据。既然债权人和股东一样，都是风险承担者，那么债权人理应对企业的剩余索取权和剩余控制权享有对应的权利，而保证债权人享有企业剩余权利的方式就是让债权人参与到公司的内部治理之中。

4.2 不完备契约理论

同所有契约一样，股权契约具有不完备性，导致其缔约主体（主要为经理、股东及这两大集团的内部阶层等）在事后履约过程中对契约“剩余”（索取权和控制权）的争夺，也即形成了股权契约冲突问题。由于股权契约的不完备性，缔约主体的履约行为存在外部性（externality）（私人收益或成本与全体利益相关者的收益或成本不一致），一方面缔约主体存在“机会主义”的激励而使履约效率低下，另一方面出于对事后被“敲竹杠”（hold up）的顾虑，缔约主体对事前专用性资产的投资不足。契约不完备性诱发的机会主义行为引起企业租金耗散（dissipation of rent ），而这正是企业层面上的公地悲剧（tragedy of commons）问题（Hardin，1968）。

契约是由一系列关于权利义务的条款所组成，契约成立的基础是对未来的预期，即认为契约所规定的当事人的权利义务将会在合适的时间、合适的地点，以合适的方式得到实现和履行。契约可以分为完备契约与不完备契约。完备契约产生的基础是人的无限理性，即契约双方或多方能够将未来所发生的一切与契约有关的事项都预测到，同时将这些事件内容都反映在契约之中，并规定了相应的权利义务。而不完备契约恰恰相反，契约内容并没有包括对未来所有可能影响契约权利义务的事情。

事实上，由于个人的有限理性（知识结构、判断能力等），外部环境的复杂性、不确定性，信息的不对称和不完全，契约当事人或契约仲裁者无法证实或观察一切影响因素，契约的内容也不可能包含当事人之间所有的权利义务，这就造成了债权人和债务人之间不可能缔结一份完美的契约，而只能是不完备契约。[①] 因此，企业作为“契约”，其本质上是一种不完备的契约。不完备契约理论由格罗斯曼和哈特（1986）、穆尔（1990）等人提出。他们认为完备契约只是理想状态，而不完备契约是市场的常态。由于信息不对称、不完全，同时整个社会都存在交易成本，所以，契约不可能是完备的，而企业的本质就是契约的集合，

① See Simon，H. A.，“A Behavioral Model of Rational Choice，” *The Quarterly Journal of Economics*，1955（69）：99-118.

在不完备契约存在的情况下就出现了剩余索取权和剩余控制权在各个契约当事人之间的分配问题，也就是我们常说的公司治理问题。

债权人利益受损的重要原因是契约本质上是不完备的，债权人与债务人之间的契约也是不完备的。在债务契约中，债权人首先付出了资金，债务人之后才履行还本付息的义务，所以在这个过程中，债权人一直处于不完备契约的风险之中，契约的不完备性提高了债权人的维权成本，降低了债权人的收益。在实践中，债务契约的不完备性使债权人面临着诸多风险：公司的未来现金流的状态，经营者对公司的管理能力，经营者是否恪尽职守，是否存在隐瞒信息欺骗债权人的行为，信息是否完全并对称，市场前景是否乐观，企业经营是否出现不可预知的风险，等等。而面对这些风险，债务契约不可能都作出理性预期。由于契约是不完备的，那么债权人只能通过其他手段来降低自身的风险。比如，债权人为了确保债务公司提供信息的准确性，需要通过中介机构（比如审计机构）对债务公司进行审查；当公司发生危机、资不抵债时，债权人常常诉诸法律，通过寻求司法救济的方式来获得利益的最后保障。这些都需要债权人自身付出费用、时间、精力，这些成本自然就降低了债权人的收益。可见，保护债权人利益的对策，即是债权人弥补不完备契约，以降低债权逐利成本、提高投资收益的博弈过程。

哈特（1998）认为，解决不完备契约的负面效应，需要分配好公司的剩余控制权与剩余索取权，这样才能让最有动力作出最好决策的人去做决策。[①] 为了解决委托代理问题，就必须在承认不完备契约的前提下设计出与委托代理合同性质相匹配的公司治理结构，通过对剩余控制权的分配对委托代理合同的承诺实行有保障的约束。哈特认为，如果公司

① See Hart, Oliver, "Financial Contracting," *Journal of Economic Literature*, 2001, 39(1): 1079-1100.

的股权是分散的，那么小股东非常容易存在搭便车行为，对公司的经营不管不顾、用脚投票，这就容易造成企业内部人控制。如果企业利用一定比例的负债进行融资，那么负债所带来的破产机制能够在一定程度上约束企业的内部人，因为对于企业经理来说，企业破产就意味着自己经营企业的失败，这种失败会影响经理自身的职业生涯。

哈里斯（Harris，1990）认为，企业破产有时并不是一件坏事，因为市场竞争就应该优胜劣汰，这样才能保证市场的繁荣。所以，破产对于企业的债权人、股东甚至员工等都不一定是一件坏事，破产重新配置了社会资源。但是如果在内源融资的状态下，经营者控制了企业，加上没有外部力量进行干预，有利于市场资源配置的企业破产是很难发生的。如果企业主要采用的是外源融资方式，那么发生资不抵债、亏损破产的时候，债权人可以通过破产保护法对企业进行清算，得到属于自己的那一部分蛋糕。哈里斯的观点证明了债务契约实际上是不完备的，这种契约的存在很大程度上改变了公司经营者的思维方式，以此影响了企业的内部治理结构和治理方式，企业的剩余控制权也因此发生了变化。

综上所述，债务契约的不完备性是客观存在的，信息不对称、债务人的道德风险、市场变化、企业经营状况变化等因素都不是一纸债务契约所能囊括其中的，股东与债权人、企业管理者与债权人之间的利益冲突本就存在，不可能归于一致，只能尽可能地达到一种平衡。法玛和米勒（Fama and Miller，1972）在研究股东与债权人之间的利益冲突时指出，当公司存在风险负债时，公司价值最大化并不意味着债权人利益最大化，甚至不意味着股东利益最大化；相反，能使债权人利益最大化的经营决策也可能会损害公司本身的利益。[①] 可见，从一开始，债权人、

① 参见雷新途：《不完备财务契约缔结和履行机制研究》，194页，北京，经济科学出版社，2009。

股东、经营者的利益并不是被绑在同一条船上，债权人的债务投资不可避免地会成为股东和经营者觊觎的“唐僧肉”，这种受机会主义侵害的危险随时伴随着债权人。虽然不同国家法律体系不同、对债权的保护方式也不尽相同，有些国家对债权人的保护相对完善，有些国家则较弱，但是，不完备契约的确在一定程度上提高了债权人利益保护的成本，债权人的利益风险不可避免地被加大了。债权人如何规避不完备债务契约所带来的风险就成为众多学者和企业家研究的课题。笔者认为，规避不完备契约带来的风险仅仅通过对契约的完善设计这种事前预防措施是远远不够的，应该建立一套系统的，事前预防、事中监督、事后弥补的保护机制，以保障债权人的根本利益。其中，事中监督的手段就是让债权人参与到公司治理的行动中来，公司通过外界的监督，完善自身的治理机制。

债权人相机控制实际上涉及银行与企业之间的关系。目前银企之间的关系主要有两大类型，即美英银企关系类型和德日银企关系类型。这两种类型银企关系的形成与这些国家制度环境的差异密切相关。美国和英国的公共制度较为完备和成熟，市场（特别是资本市场）效率高，企业治理更多依赖市场自身选择的外部机制即所谓的“用脚投票”，其股东、债权人与以 CEO 为首的经理层之间的权利界限较为清晰；而德国和日本的企业治理则更多依赖企业内部机制即所谓的“用手投票”，股东、债权人与以 CEO 为首的经理层之间的权利界限相对模糊。德日两国的银企关系相当紧密，银行对企业事务的介入几乎是全程的，因为银行不仅是企业的债权人，而且是企业的大股东。这使债权人一开始就参与对企业的控制，包括产业选择、组织结构构建、董事会组成以及人事安排等。以日本企业为例，大部分企业均有主办银行，即存在一个是企业主要资金提供者并且长期保持稳定关系的银行，同时银行一般也是企业的大股东。主办银行在向企业提供资金的同时，也对企业生产经营的全过程进行财务监控，当然也包括企业出现重大亏损或者财务状况恶化时的财务救助。可见，德日两国的银行对企业的控制不属于相机控制，而是一种持续控制。美英两国的银企关系不是很紧密，银行平常对企业事务介入不深，基本上不干预企业的日常经营决策，只是按照债务契约进行惯例性的债权管理，如事前对贷款项目现金流、贷款风险、借款企业资信状况进行严格审查，事中要求借款企业呈报财务报表以及时掌握贷款项目的风险变化。但是，银行对企业深入介入甚至取得企业控制权则是在借款企业出现某种所谓的“事后可验证的信号”之时。换言之，整体上美国和英国的银行对企业的控制基本上体现了较为纯粹的相机控制。而事实上，美国企业债权人相机控制是较为成功的。很多贷款的金融机构在企业出现财务危机时便会以某种形式取得企业的控制权，直接、积极地对企业进行干预。在金融机构的各种干预中，有两种形式最能体现债权人相机控制的实质内容：一是更换企业高层经理人员；二是选择清算公司。因为在股权相对分散的英美两国资本市场，所有权和经营权分离程度相对较大，以 CEO 为首的经理层往往控制着企业，因此债权人对高层经理人员的选择体现了控制权实质性的转移，也较好地反映了债权人相机控制的特点。表 4—1 是 1976—1980 年美国企业债权人相机控制中更换高层经理人员的典型案例。

表 4—1　　美国企业债权人相机控制的实践案例

	企业名称	诱发控制权转移的原因	时间	债权人相机控制的具体内容	债务处理办法
1	巴威克工业	无法偿还债务	1976—1979	更换总裁（公司创始人）	重新谈判
2	布兰尼夫航空	无法偿还债务	1980	更换总裁	重新谈判

续前表

	企业名称	诱发控制权转移的原因	时间	债权人相机控制的具体内容	债务处理办法
3	科尔格特	利润下降	1979	更换总裁，银行主持董事会	不详
4	联邦石油	无法偿还债务	1977—1980	更换总裁及主要经理人员	重新谈判
5	戴林	严重亏损	1974—1978	更换总裁	破产清算
6	法拉赫	严重亏损	1977	更换总裁	重新谈判
7	通用皮鞋	严重亏损	1977	更换主要高级经理人，迫使董事会采取行动	不详
8	海湾	丑闻被揭露	1976	更换总裁，迫使董事会采取行动	不详
9	洛克希德	行贿被揭露	1974—1977	更换总裁	重新谈判，债权人取得13%股权
10	马特尔	利润下降	1975	更换总裁	重新谈判
11	奥康奈特	亏损	1976	更换总裁	重新谈判
12	普尔曼	利润下降	1979—1980	更换总裁	兼并
13	罗尔	无法偿还债务	1975—1980	更换总裁	重新谈判
14	UMM	两年亏损，内部争执	1975—1980	更换总裁	重新谈判，最终选择破产清算

从表4—1可以看出，迫使企业控制权由经理（或股东）转移到债权人手上的所谓“事后可验证的信号”，主要有无法偿还到期债务、亏损、利润下降或者重大事件（如丑闻暴露）。当这些信号出现时，债权人在成为企业控制者（或主要控制者）的同时也由固定索取者转换为剩余索取者，其有激励按照剩余最大化的财务目标选择行动。这也是对不完备财务契约缔约主体关系型专用性投资的激励和保护。

4.3　债权代理成本理论

债务融资是现代公司的重要融资途径，公司从金融机构借款及向公众发行债券是公司资金的重要来源。实际上，负债不仅是一种融资方式，也是一种有效的公司治理机制。威廉姆森曾指出，与其把债权和股权看作融资手段，还不如视为不同的治理结构。① 一般认为，公司进行负债融资，可以起到控制股权代理成本的作用。在两权分离的条件下，委托代理问题是现代公司面临的最主要的矛盾之一。从经济学的角度来看，在企业经营者不拥有企业全部股权的情况下，股东与经营者的目标函数并不完全一致。有学者认为，股东具有效益偏好，经营者具有规模偏好。② 经营者有动机作出损害股东利益的行为，从而产生股权代理成本。比如，当公司拥有自由现金流时，股东与经理人员在利润分配上的冲突便表现得特别严重。经理人员倾向于使股东不分或少分红利，将自由现金流留在公司使用，或用于自己在职消费，或为了扩大企业规模而进行非效率投资③，从而损害股东利益。而通过负债融资，可以对公司经营者产生约束作用。这种约束作用表现为：债务契约对经营者来说是一种到期必须还本付息的硬约束，它可以有效降低企业的自由现金流量，以限制经营者的非生产性消费及过度投资行为，从而缓和股东与经营者之间的利益冲突，降低股权代理成本。

---

① 参见奥利弗·E·威廉姆森：《治理机制》，北京，中国社会科学出版社，2001。转引自朱静：《债权治理初探》，载《贵州大学学报（社会科学版）》，2006，24（2）。

② 参见戚聿东、钟涵：《委托代理条件下企业家的规模偏好及其矫正》，载《经济管理与研究》，2009（11）。

③ 非效率投资是指企业经营者将所筹集的资金不投资或者投资于利润较低甚至小于零的项目的一种行为，这种行为会导致投资人的利益受损而经营者则可能从中谋利的后果。

但是，虽然股权融资所带来的代理成本可以被债权融资所降低，但债权融资本身也会产生其他成本，这些成本需要企业去承受。詹森和麦考林（1976）认为这些代理成本具体包括以下三个方面：

第一，资产替代成本。如果企业的负债率很高，那么债务人会产生“债多了不愁”的心态，这种心态很可能导致债务人进行赌博性投资。当企业投资于高收益、高风险的项目时，债务人的心态必定是这样的：如果赚了钱，除了还本付息还有剩余，可以归自己所有；如果投资失败，由于公司的有限责任，股东承担了出资额的责任之后，其他损失由债权人承担。所以，即使这样的风险投资风险巨大，有可能令公司价值降低，甚至遭受很大的损失，但是对于股东来说，依然会从这样的赌博中获得好处。所以，当企业资产负债率很高时，股东更倾向于对风险项目进行投资的选择，这一效应被称为“资产替代”。

第二，为减少前述行为而发生的监督费用。为了保证自己债权的实现，理性的债权人都会正确地预期到股东的资产替代行为，并会采取相应的方法来降低自身的风险。比如，要求降低债券发行价格、提高债务利率、在债务合同中加入限制性条款等以避免财富转移的发生。同时，债权人还会通过债务契约来制约股东侵犯债权人，例如，债权人会在企业债务利息发放、新一轮债务融资、减少担保物价值等方面对股东的决策予以限制。但是，这些限制股东行为的条款很可能妨碍了股东的经营决策。我们知道，市场瞬息万变、企业的经营情况十分复杂，如何在这么复杂的环境中采取最有利的决策是企业所具备的能力，而债务契约对这样的能力产生了机会成本。同时，契约的签订、实施都要发生成本，所有这些成本都由公司的股东来承担，在这种情况下，股东会想方设法把这些与负债相关的成本降到最低。

第三，破产和重组成本。当企业经营不善、资不抵债或者出现资金流问题时，企业就很可能丧失了对当前债务的支付能力。一旦这种情况持续下去，企业将面临破产倒闭或者破产重组的风险，而这些过程都是需要成本的。这些成本包括：聘请会计师、资产评估师和律师的费用；破产管理的费用；丧失销售、利润的成本；付出高昂代价取得的信贷或发行债券的机会。[①] 在詹森和麦考林之后，很多学者也对债权代理成本做了更详细的研究。梅洛和帕森斯（Mello and Parsons，1992）用一个模型度量了企业债务代理成本。他们认为，代理成本的绝对值或者相对值很大，但具体代理成本的大小随企业面临的环境不同而不同。[②] 金和马斯辛穆韦（Kim and Masksimovie，1990）通过计量分析发现：公司债务水平与公司的成本成显著的负相关关系。

在多数情况下，债权人事前会理性地意识到股东和经理人的道德风险。从经济学角度讲，公司股东与债权人之间的不完全契约、信息不对称以及债权人的有限理性，为股东道德风险行为的发生提供了条件，而这些道德风险行为的存在使债权代理成本不可避免。因此，我们得出这样的结论：为了降低债权代理成本，维护债权人的切身利益，他们应该作为治理主体之一参与到公司治理中去。

4.4　债权人利益保护的制度缺陷——基于法学理论的视角

债权人自身权利的实现依赖于债权能够获得清偿，然而，鉴于债务人偿还能力、债权人信用、信息不对称等原因，债权的实现并不是债权人一方努力就可以完成的。此时，法律对债权的保护便显得尤为重要，

① See Warner，Jerold B.，"Bankruptcy Costs：Some Evidence，" *The Journal of Finance*，1977，32（2）：337-347.

② 参见叶向阳：《债权融资与公司治理研究》，暨南大学博士学位论文，2004。

因为法律本身就是在“私力救济”[1] 不发生作用时从社会的角度提供“公力救济”[2]。对于债权的保护问题，早在古罗马时期就有了规定，不过当时的债权保护有两个特点：一是债权的保护期无限地延续；二是人身权和财产权可以相互抵偿。同样，在我国几千年来也一直延续着“父债子还”、“夫债妻还”等约定俗成的债权保护理念，这是债权保护无限延续的典型理念。在我们熟悉的歌剧《白毛女》中，杨白劳用自己的女儿抵偿对地主黄世仁的债务就是一种人身权和财产权相互抵偿的清偿手段。虽然这些债权保护的手段和方式在今天看来显得蒙昧和野蛮，但是几千年来这样的传统被视为“天经地义”，是源于日常交往中约定俗成的朴素偿债观念。正如有学者指出的，债权理念也代表着整个社会秩序维护的观念，对债权理念的破坏或不遵守，亦同样损及社会的共同利益。[3]

随着公司这一新的组织形式的诞生，对于公司债权的保护越来越为现代立法所重视，并呈现出不同部门不同层次的多重保护态势。综观各国现行立法，对公司债权人的保护不但有民事基本法[4]对债权的一般保护，同时还有诸如担保法、公司法、破产法等一系列民商事特别法[5]的特殊保护。但是，现行的司法制度本身限制了原先的“同态复仇”式的

---

① “私力救济”是指权利主体在法律允许的范围内，依靠自身实力、通过自救行为或自卫行为来救济自己被侵害的民事权利。

② “公力救济”是指当权利人的权利受到侵害或者有被侵害之虞时，权利人行使诉讼权，诉请人民法院依民事诉讼和强制执行程序保护自己的权利的措施。在现代文明社会中，公力救济是保护民事权利的主要手段，在能够援用公力救济保护民事权利的场合，则排除适用自力救济。

③ 参见虞政平：《股东有限责任》，44页，北京，法律出版社，2001。

④ 民事基本法指对民法各个方面问题进行总则性、总纲性规定的法律，比如在中国就是《民法通则》（它规定了民法的基本原则、民法的主体、客体、民事行为、民事责任、涉外民事关系等一系列内容），在法国就是民法典。

⑤ 民商事特别法指对民法某个特定领域进行规定的法律法规，比如合同法规定的是合同问题，物权法规定的是物权问题，侵权责任法规定的是侵权责任问题；继承法、婚姻法规定的是婚姻继承等问题；公司法规定的是公司成立、运行、破产等问题。

债权保护方式，取消了债权的无限延续和人身权与财产权相抵的偿债方式，其本意是想让债权人的利益保障变得更加文明，同时加速资本流转，活跃市场经济，但却给债权人保护带来了很多制度上的障碍。

4.4.1　现代民法契约保护的不足

民法对于债权人的保护是以“契约”为基础，通过对契约双方当事人权利义务的实现来保护债权人的利益。公司债权人同其他债权人没有什么不同，都受到民事一般法关于债的关系的规定所调整。换句话说，公司债权人的保护必须在民事一般法的调整范围之内。具体就是：债权人有请求债务人履行债务的权利，债务人有履行债务的义务；债务人如不履行义务，债权人有权请求司法机关依法强制其履行；债权人因债务人不履行义务而遭受的经济上的损失，有权要求债务人赔偿；特定情况下债权人还享有代位权[①]和撤销权[②]；在设定债权时，债权人还可以要求债务人提供信用担保、物的担保（比如抵押）或者第三人保证，如届时债务人到期不履行债务，债权人可以要求保证人履行债务或以担保的信用和财产优先受偿。

虽然民法契约保护为公司债权人提供了几乎力所能及的所有保护措施，但鉴于公司债权人的自身特点，这种传统的保护方式越来越暴露出其力度之不足。以契约方式保护公司债权人的不足之处主要表现在以下几个方面：

---

① 我国《合同法》第73条规定，因债务人怠于行使其到期债权，对债权人造成损害的，债权人可以向人民法院请求以自己的名义代位行使债务人的债权。这就是债权人的代位权。

② 我国《合同法》第74条规定，因债务人放弃其到期债权或者无偿转让财产，对债权人造成损害的，债权人可以请求人民法院撤销债务人的行为。债务人以明显不合理的低价转让财产，对债权人造成损害，并且受让人知道该情形的，债权人也可以请求人民法院撤销债务人的行为。这就是债权人的撤销权。

第一，契约保护对于公司债权人来说成本高、难度大。

契约事后救济的保护方式使公司债权人在监督公司违约方面困难重重。虽然债权人可以通过契约方式为公司设定各种限制条件，并可以约定严格的违约责任，但这毕竟是事后救济，因为契约受到保护的终极方式就是司法介入违反契约的行为。换句话说，只有在契约被违反（违约）、损害已经形成并且私力救济无法实现的时候，司法才介入进行救济。在这之前，债权人只有凭借对债务人的信任，希望债务人依约履行债务。但鉴于债务人偿还能力及道德信用问题，债权的实现并不是靠债权人的单方努力所能解决。所以，无论企业出于善意还是恶意，只要出现违约情形，债务契约就无法得到完全实现，债权人的利益就要受到损失或者打了折扣。在这种情况下，除了契约双方对违约行为进行谈判、协商解决债务纠纷之外，大多数时候解决公司违约的途径最终都不得不落实到诉讼上。而诉讼本身的成本极其高昂。这包括：时间成本、律师费、诉讼费、进行诉讼的机会成本等，这又会为债权人增添新的负担。

第二，担保物价值难以确定和持续。

根据现代经济学原理，债权人同公司进行谈判时，公司违约风险的高低对双方交易条件有直接影响：公司违约风险越大，债权利率也就越高，反之，则越低。正所谓：高风险、高回报。由于人类趋利避害的天性，对于高风险的交易，债权人会倾向于通过契约对公司行为设定各项限制，其中就包括要求债务人提供担保物来担保即将发生的债务。如果债务人无力偿还债务，那么债权人就有权变卖担保物来实现债权。对于有担保的债权来说，虽然债权人就担保物有相较于普通债权人的优先受偿权，但担保物可以担保若干债权，而不是仅仅担保一份债权。因为如果担保物的价值明显高于债权，高于债权的那部分价值可以用于担保其他债权。同时，担保物的价值并不固定，往往会受公司经营业绩、使用年限、市场风险等诸多因素的影响而时时处于变化之中。比如，企业用一台机器设备进行抵押，但由于固定资产每年需要计提折旧费用，所以其价值也一年不如一年，这时债权人便无法准确把握担保物的价值状况。当不利因素出现导致担保物价值下降时，债权人可能会因此而遭受利益损失。

第三，企业可以绕过“契约保护”而损害债权人的利益。

公司债权人的利益同公司经营状况休戚相关。公司经营者可能通过一系列行为来损害债权人的利益。如果公司要恶意损害债权人的利益，有时根本不需要违反任何一条契约规定。即使公司经营正常、业绩良好，企业经营者也可以通过多种方式损害公司债权人的利益，但并不违背契约约定，也无法以契约加以约束。一般情况下，以下行为即便严重影响公司债权人利益，也不会造成违反契约的后果：

(1) 逃避义务行为。虽然公司应对债权人支付固定利润比例，但公司可能会有意不尽足够努力去获取利润，反而花更大的精力去减少利润，以此规避应支付给债权人的金额。这种方法与企业避税的方法比较相像。

(2) 投资不足行为。虽然公司本可将借款运用于未来投资机会，以增加公司的资产，但公司却不进行这种可以增加债权人权益的投资，从而使得公司债权人的利益受到损害。

(3) 财产替代行为。公司将借贷来的资金运用于风险更大的投资，而这种投资收益并不符合债权人的期望。如果投资盈利，则公司获利更多而债权人却无法获取更多利益，同时承受了债权不受确保的更大风险。

(4) 公司过度支付股利行为。公司过度支付股东股利会导致公司资产减少，降低对公司债权人债务担保的能力，损害公司债权人的利益。

(5) 减少公司资本行为。若公司减少资本并将它返还给股东，这种行为并不需经债权人同意，也不违反债务契约，但公司资产减少，实际上减少了对公司债权人的债权担保，有损债权人利益。

(6) 稀释债权人权益行为。在公司运营过程中，公司债权人先后产生。公司为了追求更大的利润，不断扩充资本，而其资本获取成本可能越来越昂贵，如此便对先产生的公司债权人的债权担保产生侵蚀，亦即公司债权人可获得的债权担保越来越薄弱，形同对公司债权人债权的稀释。[①]

由于公司内部运营和治理问题错综复杂，在任何一个环节都可以对公司资产进行操作，任何一个环节都可能对公司债务进行逃避，而由于债权人不能参与公司治理，即便是公司经营者的该类行为事实上使他们的利益处于风险之中，他们也无法追究经营者的责任。况且。由于信息不对称，很多时候经营者进行了这样的侵害，债权人可能还不知道，这便使债权的契约保护方式起不到应有的作用。

4.4.2 有限责任制度对债权人保护的影响

有限责任原则在市场内各个商业组织中普遍存在的事实彰显了其无与伦比的功效，但其永不可消除的风险外部性亦一直为外部利益主体所诟病。[②] 有限责任原则是近代资本主义发展的重要制度，其对经济发展的促进作用相当明显。第一，在有限责任原则下，资本市场内的股份可以自由流动，促进了市场的效率增长。同时，在信息充分流动的市场

① See Smith，C. W and J. B. Warner，“On Financial Contracting，” *The Journal of Financial Economics*，1979 (7)：117.

② 参见弗兰克·伊斯特布鲁克、丹尼尔·费希尔：《公司法的经济结构》，46 页，北京，北京大学出版社，2005。

内，有限责任使市场价格在一定程度上反映出公司的价值及其他公司信息。第二，由于投资者只需承担有限的风险，即自身的投资数额，而不需要承担投资额以外的风险和损失，一旦获益，则有可能享受高于自身投资额数倍以上的收益。有限责任制度增加了投资者的勇气，使得更多人参与到市场经济活动中来。第三，由于投资者承担有限责任，所以投资者的资金可以选择分散投资于不同产业、不同公司、不同行业。有限责任制度使投资者在市场内的分散性投资策略成为可能，使投资者可能形成最优投资决策。

对于债权人来说，有限责任制度丰富了其投资的路径模式和投资模式。债权人可以将自身的资金以债权的形式投入到不同企业、不同行业。通常而言，公司融资渠道主要包括股权融资与债权融资，债权融资已经成为企业融资的主要手段。就我国而言，截至 2010 年 12 月，已经有累计 742 家企业发行了 1 998 种债务融资工具，发行额为 37 996.5 亿元。对债权融资比例的需求，不同行业、不同公司都不一样。值得注意的是，资本市场发展初期债权获益的渠道仅仅局限于利息与本金的回报，但投资者借助有限责任的优势，通过资本市场内各种金融工具的使用，使自身的投资回报方式变得多样。显然，在无限责任原则下，债权投资者的收益方式是无法扩大的，自身的投资收益也不会增大。

但是，任何制度都有两面性。有限责任制度虽然扩大了债权人的投资回报方式、形成了分散性投资策略、扩大了自身收益，但是有限责任制度也对债权人的债权实现构成了很多困难，尤其在市场经济制度并不健全的体制下，债权人的权利实现面临着有限责任的挑战：

第一，有限责任制度使债权人的逐利成本增大。

一般而言，债权人追逐利润的直接成本包括：搜寻优质公司的信息成本、谈判缔约的时间成本、监督公司控制者的成本、监督债务公司投资及债权资金的投入回报的成本等等。同时在实践中，僵化的资本制度、不完备的信息披露制度、缺失的审计师责任规制、亟须明晰的股东及高管责任都是债权人在有限责任的威胁下所引发的间接性附带成本。但是，在有限责任对投资者个人财产的安全保证庇护之下，债权人与公司实际控制者在博弈过程中总是处于劣势，公司控制者对利润的追求和贪婪促使其去采取更多的策略、冒更多的风险进行商业投资，或者想方设法转移资产、逃避债务。尽管公司法、证券法进行了多次修改以期保护债权人的合法权益，但是在有限责任制度的大背景下，我们的法律制度陷入了监管失败引发债权人利益受损，继而完善监管法律的怪圈。

第二，有限责任使股东和债权人的权利义务不对等。

虽然债权人和股东都是企业的出资人，都是企业融资的主要对象，但是债权人和股东的地位却极不平等。从公司设立伊始，股东就比债权人处于有利的位置。

首先，股东责任有限，风险却被外部化。有限责任原则扩大了公司资产不够清偿债务的可能，因为股东责任是有限的，利润却随着风险的加大而提高。当债务公司从债权人处取得资金后，它可以改变资金的用途，把资金运用到风险更高的获利领域。债权人要么丧失所有投资，要么债务公司只须付给债权人固定收益，其余部分与债权人无缘。这种责任与收益极不对等的情况往往促使公司进行一些冒险行为以获取高额利润。如果冒险行为失败，股东只需根据出资额对风险承担责任，剩余的很大一部分风险是由债权人承担的。所以，对于债权人而言，由于其利息是固定的，投机风险的增加只会导致其遭受损失的可能性增加，从而使债权人的期望收益随着风险的增加而下降。同时，由于公司的投资决策、内部治理并没有债权人的发言权，而风险却不全部由股东承担，这使得很多本应由公司股东承担的风险被外部化了。在实务中掌握大量资金的人开始大量成立公司，公司股东或实际掌控者只承担有限的责任，而作为大量外部风险承担者的债权人则不可避免地要遭受损失。

其次，公司决策层只对股东负责，不对债权人负责。根据委托代理理论，代理人只对委托人负责，对委托人尽到相应的义务。当公司高管进行经营决策从而形成公司的法人意思时，衡量高管是否违反其对公司所负的义务时，都以公司利益和股东利益是否得到最大促进和保护为宗旨，并不以债权人利益是否得到保护为衡量标准。因为高管本身的任命是由股东大会来决定的，这样一来，“谁决定我的职业生涯，我就向谁负责”也就理所应当了。在这种情况下，股东不仅享有剩余索取权和剩余控制权，同时仅以其出资额承担有限责任，而债权人仅被赋予了获取固定利息的权利，不能任命高管、参与公司内部决策、获取资产收益等。换句话说，同为出资人，债权人没有权利对公司任何事务进行干预，反而股东可以。这就造成了股东和债权人的权利义务不对等。

最后，当公司资不抵债时，对债权人的清偿往往不足额。从表面上来看，股东承担着企业经营失败的风险，而债权人的利息收入是固定的，当公司进入破产清算程序后，对公司剩余财产的分配，债权人的顺序也在股东之前。换句话说，只有债权人先受到清偿，股东才能收回剩下的资产，所以，股东的风险大于债权人。但是实际上，公司濒临破产时，早就资不抵债，同时，破产清算时还有法定的清偿顺序，工人工资及保险、各种欠缴的税费、清算组和诉讼费用都排列在债权人的清偿之前。同时，众多同一顺序债权人还要共同瓜分剩余的资产。在我国实务中，破产清偿类案件债权得到的清偿额度不足 10%。有的公司在破产之前早就转移了资产，留下一个空壳，连工人的工资都不能支付，更何况所欠的债务了。由于股东的有限责任，债权人不能对股东本身的其他资产进行追偿，所以，在这种情况下，债权人的权利是很难得到保障的。

综上所述，由于一直受股东至上理论影响，相应的制度设计也紧紧围绕着股东利益最大化的思维来进行，传统民法的契约保护存在着执行难、成本高的缺陷，而公司的有限责任制度又使得债权成本提高、股东和债权人权利义务不对等，这些制度缺陷都造成了债权人的利益得不到有效的保障。随着债权融资在公司发展方面起到了巨大的作用，股东利益至上的观点已经不能适应现代公司的发展。在提及剩余索取权、剩余控制权或者公司利益这样的词汇时，不能将其仅仅与股东联系起来，而应该考虑与公司的利益最相关的群体是哪一个，我们到底应该以哪个群体的利益为首要负责对象。同时，公司利益也是一个相对的、动态的概念，是随着公司经营状况的不断变化而变化的，包括债权人和其他利益相关者的利益。

4.4.3 破产法中债权人会议制度的缺陷

根据我国《企业破产法》的条文注释，所谓债权人会议，是协调和形成全体债权人共同意思，通过对破产程序的参与和监督来体现全体债权人共同利益的自治性机构。对债权人会议的概念可以从以下三个方面理解：

（1）债权人会议是全体债权人的组织。

债权人会议是一个由全体债权人组成的组织，具有自治性和临时性的特征。自治性是指债权人会议能够按照自己的意志作出决定，而不受债权人会议以外的第三方支配。债权人会议依法作出的债权人会议决议对全体债权人均具有法律约束力。临时性是指债权人会议不是一个独立的民事权利主体，也不是一种常设机构，只是在需要议决有关破产事项时它才被召集，以讨论及议决有关事项。它只伴随着某个特定的破产债务人的破产程序而存在，破产债务人的破产程序一旦终结，债权人会议也随之解散。[①] 此外，债权人会议虽然享有法定职权，但本身无执行功能，只能依靠破产管理人执行其作出的决议，也不能与破产程序之外的主体直接发生法律关系。可见，债权人会议是由全体债权人组成的临时性的自治团体。

（2）债权人会议是全体债权人共同意思的形成机制。

在破产程序中，众多债权人的利益既有共性，也有差异。对于破产财产的增加、破产费用的减少、妥善评估和处理破产财产等事项，债权人之间具有利益上的一致性和共同性，这是主要方面。但是各债权人对破产程序的选择（是破产和解、破产重整还是破产清算）、从破产财产中受偿的多少、债务减少的比例、清偿期限的延长等事项又往往存在差异性。要同时满足每个债权人的利益要求是很难实现的，因此，只有通过债权人会议这种协调机制，协调各债权人之间的利益差异，才能提高破产程序的效率，推进破产程序的顺利进行。可见，债权人会议是代表全体债权人的一般利益而不是个别债权人的特殊利益。[②] 正因为如此，债权人会议的工作机制是多数表决有效制度。

（3）债权人会议是债权人参与和监督破产程序的主要形式。

债权人作为破产程序中最重要的利益当事人，既有权利也有义务参与破产程序，推进破产工作的开展和进行。债权人在破产程序中主张权利的主要形式就是参加债权人会议，对有关破产事项行使表决权。债权人可以通过债权人会议对侵害债权人利益的方案行使否决权，对破产程序中违反法律规定或违背事实的做法提出异议，甚至向法院提起诉讼，以此来表达债权人的意志，监督破产管理人是否依法履行职责，履行忠实义务和勤勉义务，维护债权人的合法权益，保证破产程序的公平公正。

---

① 参见齐树洁：《破产法》，67～68页，厦门，厦门大学出版社，2007。

② 参见李永军、王欣新、邹海林：《破产法》，31页，北京，中国政法大学出版社，2009。

不过，在现实的司法实践和理论研究中，破产法中债权人会议的功能存在着严重的缺失，债权人会议的功能和作用并没有充分发挥出来，具体体现在：

（1）债权人会议的决策功能缺失。

根据我国《企业破产法》的规定，债权人会议负责决策的事项包括：债权人委员会的选任，财产管理方案、变价方案和分配方案的议决，和解协议、重整方案的议决等。这部分决策主要是与债权人最终所获得的清偿利益密切相关，基本上都是破产案件中最重要的事项。但是，债权人会议虽然有权讨论表决管理人提交的方案，但即使表示反对，破产管理人[①]仍然可能要求人民法院裁定批准，导致上述重大事项的最终决策权不在债权人会议手中，而在人民法院手中。同时，在破产管理人提交的一些方案中，可能存在因方案内容过于原则化而导致债权人会议的决策权被架空的情况。如某破产管理人提交的财产管理方案简单到只有一句话："在最大限度上保护债权人利益原则下管理破产财产"，此时，债权人会议对该项破产财产的管理方案的决策已没有任何实际意义。

（2）债权人会议的监督功能缺失。

我国《企业破产法》规定，债权人会议有监督管理人的职权。但是，在司法实践中，债权人会议往往是在法院的主持下、在管理人的组

---

① 破产管理人，是指破产宣告后，在法院的指挥和监督之下全面接管破产财产并负责对其进行保管、清理、估价、处理和分配的专门机构，在我国现行立法中又被称为"破产清算组"。破产宣告后，破产财产的管理和清算工作沉重繁杂，大量法律事务与专业性、技术性较强的非法律事务相掺杂，远非法院的人力、物力所能胜任，而且法院作为独立的司法机关，具有公法上的性质，对破产财产的管理、变价、分配等工作却为私法上的事务，因而不宜由法院来处理。此外，在破产程序中，其他主体是民事权利能力和行为能力受到限制的破产人，债权人会议也不宜担任此角色。因为若由他们之一担任破产管理人，则出于自身利益的考虑，实难保证他们的行为能完全做到公正、合理，故成立专门机构作为破产管理人是必要的，其在破产程序中起着不可或缺的作用。

织下按照既定的流程走过场。几乎没有哪个破产案件的债权人会议对破产管理人履行职责的行为提出异议或质询。参加债权人会议的债权人甚至对管理人公布的报告、方案漠不关心。债权人完全没有监督管理人的权利意识，导致管理人在履行职责时很少考虑债权人的监督权利。可见，债权人会议的功能被严重弱化，成为破产程序中必要但无任何实际作用的“橡皮图章”。

综上，债权人会议功能严重缺失，究其原因有以下几点：

第一，立法设计有缺陷，人民法院拥有最终决策权。

《企业破产法》在诸多关键的制度设计上，实际上弱化了债权人会议的决策权。如在管理人的选任和更换方面，规定由法院指定，债权人会议认为管理人不能依法、公正执行职务或者有其他并不能胜任职务情形的，可以申请人民法院予以更换，而债权人会议又往往因为无法证明法院指定的管理人不能胜任职务而无法变更管理人；在管理人报酬方面，《最高人民法院关于审理企业破产案件确定管理人报酬的规定》规定由人民法院确定报酬方案；在财产管理方案、财产变价方案、财产分配方案甚至是重整方案的制定方面，债权人会议即使不予通过，管理人也可以借助于法院的裁定使之得以通过。法律和司法解释的上述制度设计，客观上引导管理人可以不顾及债权人会议的反对与非议，而仅仅依靠法院的支持而履行职责。

第二，债权人对破产程序的“理性冷漠”。

在破产案件中，破产企业往往是在重要资产已经成功转移、现有资产已经严重不足以偿付债务的情况下才提起破产申请的。在法院收到破产申请时，破产企业已经停产多年，财产变现后的清偿率不足 10%，甚至不足 1%。在这种情况下，一些债权人尤其是外地债权人，通过分配得到的份额往往无法抵偿其参加债权人会议的成本。而根据现行法律，只要申报了债权，债权人不参加债权人会议并不影响其参加分配，因此，许多债权人选择不参加债权人会议，而是持搭便车的观望心态。

第三，管理人和法院刻意架空债权人的决策权和监督权。

在有些破产案件中，由于法官和管理人对债权人会议上发生的突发事件无力应对，也为了避免债权人的过度热情会拖延破产程序的进度，于是采取一些措施来抑制债权人参与的积极性。如在债权人会议上提一些原则性的方案而不表述具体细节，使债权人的决策权空洞化。再如，债权人会议的表决采用反向表决机制，利用人的从众心理，使得有些债权人即使有异议也不愿当出头鸟，从而不利于债权人监督权的行使。正是由于上述原因，债权人会议的职权虚置。债权人要么不参加会议，要么参加会议但不积极讨论，要么表决没有实际意义的决议，被实务界称为“债权人会议失灵”现象。

第5章

债权人利益保护的社会基础——从契约到身份的转变

无论是利益相关者利益的保护，还是债权人利益的保护，都使得特定身份的人获得了脱离契约层面的利益保障。实际上，这种理念有着深刻的社会基础，那就是现代社会“身份—契约—身份”的变革趋势。

从身份到契约是梅因对人类历史发展进程的一个著名概括。我国改革开放30多年的进程也可从此角度作一理解。一方面，旧的身份传统如宗法观念和相对较新的政治身份如家庭出身、阶级成分、所有制之别受到改革开放和社会主义市场经济的冲击而逐渐淡化或退出历史舞台，契约关系与契约观念逐渐生根；另一方面，某些旧的身份传统仍严重存在，如城乡之别、官民之别、家族关系等。超越身份传统走向契约社会的关键是平等化、民主化、市场化和观念的现代化。

身份作为多个学科的研究对象，其概念也呈现多元化的状态，正是身份概念的多元使我们在探寻法律语境内的身份概念时会不自觉地将不同语境中的身份不加区分地使用，导致身份在法律语境内难以得到深入的研究，也使对不同语境的身份概念进行解读成为必要。

5.1 身份的历史演变

近代社会被称为工业化社会，中国古代的伦理道德体系在这一历史时期随着西方平等、自由、民主思想的不断传入逐渐瓦解。作为政治运动的“副产品”，法律实践中逐渐运用契约自由的规则去摆脱伦理身份等级制度形成的思想桎梏，同时伴随着社会群体有意识地、自觉地要求平等的自我解放过程。社会开始“去身份化”的运动。在这个过程中，近代身份概念开始脱掉伦理道德、政治工具的外衣，表现出追求平等化和私法化的趋势。身份在法律中的存在也不再是一种常态，展现出了新的特点：

（1）身份制度的伦理性、专制性有了明显的改变，如家长权的消亡、家族族长权的减弱。不过，在亲属关系上，专制的性质并没有显著改变。如在夫妻关系中仍维护夫对妻的支配权，仍规定了父母对子女享有惩戒的权利。

（2）人格逐渐替代身份的传统地位，成为导致身份法中人身支配因素消亡的重要原因，因为近代民法确立的原则从根本上摧毁了传统社会中身份所代表的资源不平等占有的前提。

（3）身份概念实现了自身的平等化和私法化。民法上的平等原则得以确立，身份权的主体实现了法律地位的平等，身份权的内容也由以权力为中心转向权利义务并重，身份权最终消失在体现组织社会功能的公法领域，隐入婚姻家庭之中。而这些变化都以身份概念的平等化为前提。同时，在身份概念平等化的过程中，亦实现了自身的私法化。法国人让·多马在《在其自然顺序中的民法》一书中，对身份概念进行了清理。他把“资格”当作身份的同义词。他认为，身份有自然资格和民事资格之分。前者如性别、出身、年龄、家父或家子的地位，婚生子女和非婚生子女的地位等；后者如拥有自由权的状态、受奴役的状态、诸种社会的和职业的身份等级、臣民的地位、外国人的地位等。自然资格与私法有关；人为的或武断的资格与公法有关。由此，身份概念开始私法化。

进入到现代社会，经济地位的不平等使得“契约自由”成为形式上的存在，“从身份到契约”运动所倡导的“法律人格平等”在面对 20 世纪的市场经济中“事实人格的不平等”时，茫然不知其解。于是人们重拾身份，并主动要求区别对待。表现在法律上，出现了身份在法律领域的扩张，产生了许多新的身份类型。总体表现为：

（1）20 世纪人类社会深刻变化的结果是出现了消费者、劳动者和中小企业等弱者身份，相关的保护“弱者身份”的法律也迅速涌现，学者称之为“从契约到身份”的运动，并以此“弱者身份”，呼唤身份权的扩容。在公司治理结构的主体中，利益相关者也是其中之一。

（2）各国民法学界相继出现了从对市场主体以抽象人格把握到对市场主体以具体人格把握的转变，不断出现以身份为基础构筑规范体系的立法，以期实现对弱者的保护、对正义的矫正，私人间的法律关系不再只是通过自由的契约行为来实现，而是越来越多地通过身份关系来确定。

身份在古代社会是构成权力的基础，是进行社会组织的重要工具。

进入现代社会，身份用以划分权利能力的功能因权利能力平等而不复存在。进入现代社会的身份较之前具备了什么新的功能呢？格雷弗森对身份的社会功能的分析或许会带给我们很多启发。他认为，身份在现代社会主要有如下功能：（1）身份包含着由国家授予人格（即法律能力）的意思；（2）身份是一个法律概念，不是一个事实问题；（3）身份是一个关系到公共利益和社会利益的问题，换言之，是保护弱者、保留或强化社会的工具；（4）身份也可以授予法人；（5）身份被用来保护某些社会关系和某些个人的状况，从而对社会进行法律意义上的组织；（6）身份是解决管辖权冲突的标准。这些对身份功能的叙述不论在多大程度上得到认可，但都可以看到，现代社会中的身份仍然可以用来组织法律甚至是社会秩序。就像社会学中认为的那样，身份系统的基本功能是“对社会成员所处的位置和角色进行类别区分，通过赋予不同类别及角色以不同的权利、责任和义务，在群体的公共生活中形成支配—服从的社会秩序。

透过身份的现代功能可以发现，身份依然是维系社会组织的有效工具，对于生活在现代社会的我们依然有意义。法律中平等人格的形成将个人从家庭中解放出来，成为法律调整的基本单位，但是，从家庭中独立出来的个人，又通过身份契约进入企业、社团等方式，获得新的身份。新的身份顺应社会变化演变出新的功能形式，开始从单纯的亲属法上的区分作用，扩张到矫正正义、奖惩工具、平衡利益等多方面的作用。现代社会中的身份与平等人格相兼容，与自由契约相补充。

5.2 从身份到契约的运动

身份构建了古代社会的规则模式，但随着社会的发展，契约逐渐显露出其在各方面的优势并取代了身份在社会规则制定与调整方面的主导地位，成为现代社会最主要的规则模式。一百多年前，梅因在其经典著作《古代法》中精辟地指出，所有进步社会的运动，到此处为止，是一个从身份到契约的运动。①

身份是指人生而有之的东西，可以成为获得财富和地位的依据。人们一旦获得了某种身份，就意味着他获得了与此相应的种种权利。在梅因看来，身份社会即封建等级社会，在身份社会里人格与人格之间是不平等的，每个人都存在着父权制家族先赋的、固定不变的隶属关系，个人不能凭自己的意志和努力摆脱这种家庭和群体的束缚而为自己创设权利和义务，个人的权利和义务的分配主要依靠身份关系而不是法律契约关系来调节。契约社会的构想源于社会契约论。契约论是以自然状态作为国家产生的基础，以保护人们的自然权利即人身权和财产权等作为国家的目的，以公民让渡自己部分或全部权利而达成双方契约为建立国家的途径的一种政治学说。构筑起契约论理论基石的是资产阶级启蒙思想家的三大经典著作，即霍布斯的《利维坦》、洛克的《政府论》和卢梭的《社会契约论》。后经康德、罗尔斯等人的努力，这一学说得以更加完善和发扬光大，以至成为西方政治哲学中最基础性的理论。契约论是人们反对封建等级社会的产物。它认为人是生而自由平等的，国家只能是自由的人民自由协议的产物。②

从身份社会到契约社会是人类社会的一大进步。契约论以“人生而自由、生而平等”为旗帜向传统的等级身份秩序宣战，促使人们的迁徙自由、择业自由、信仰自由得以确立，摧毁了中世纪行会对工商业的束缚，也解开了封建领主套在农奴身上的枷锁。更重要的是，它宣扬主权

---

① 参见梅因：《古代法》，97 页，北京，商务印书馆，1984。

② 参见卢梭：《社会契约论》，北京，商务印书馆，1994。

在民、法律面前人人平等，每一个人都可通过社会契约成为公意的一部分，公意产生国家。这些思想使人们摆脱了自古以来君权神授的思想桎梏，对于资本主义宪政制度的确立与完善，以及社会的进步与发展都起到了很大的推动作用。

第二次世界大战后，以契约论为蓝本而建立的西方国家，政治趋于稳定，社会趋于繁荣与发展，并纷纷走上了福利国家的道路。我们不能忽视的一个事实是：欧美各国确立宪政制度后，虽然各种社会矛盾还在不断发生，有时甚至相当尖锐，但马克思所预言的无产阶级革命始终没有到来，倒是在以契约论为依据的宪政道路上获得了不断的延续和发展。有调查显示，现在欧美国家中支持通过革命方式改变国家现状者寥寥无几。这正像哈贝马斯所说的“晚期资本主义”时期情景：阶级妥协成为了晚期资本主义的一个组成部分。[①] 因此我们可以说，虽然契约论存在着一些不足，但契约社会的建立的确是人类社会的一大进步。

到了现代社会，市场经济成为社会发展的主要推动力量，而市场经济在本质上是契约经济。它与契约社会一样，同样是契约论的产物。契约论的传播，瓦解了封建等级身份秩序，促使人们的迁徙自由、择业自由得以确立，摧毁了中世纪行会对工商业的束缚，也打碎了封建领主套在农奴身上的枷锁。劳动人民的人身不再依附于领主或行会，雇主与劳动者之间通过自由契约以工资和劳动力的形式相交换。这一切都是市场经济产生的必要条件。市场经济形成之后，市场经济的平等性、法制性、开放性等基本特征，以及市场交易的平等、自愿、公平和诚实信用原则，都体现了契约论启蒙思想家们的思想。因此，在一定程度上我们可以说，市场经济本质上是契约经济，没有前人的契约论就没有今天的

① 参见哈贝马斯：《作为“意识形态”的技术与科学》，63页，上海，学林出版社，1999。

市场经济。

5.3　从契约到身份的回归

20 世纪以来，随着市场经济的迅速发展、社会的进步和社会分工的细化，人们相互之间的依赖性以及个人对社会的依赖性都在不断增强，人是社会的动物，人们相互间的关系越来越密切，市场经济的发展就必然会产生主体经济地位的不平等问题。例如，一方面是大集团、大企业的崛起，另一方面是处于弱势的消费者。一方面是大股东胡作非为，另一方面是债权人受契约的限制而无法进行干预。在社会交往过程中，经济地位决定了人们所处的地位。不同经济地位的人们之间产生了一种无形的经济支配关系，在这种经济支配关系下，对于处在支配地位的一方来说，“契约自由”是真实的，其可按照自由的意志来决定实施各种民事行为，但对于被支配的一方而言，在某些情形下则不得不违背自己的真实意志。经济地位的不平等使得“契约自由”成为一个口号，“从身份到契约”运动所倡导的“法律人格平等”，在面对 20 世纪的市场经济中“事实人格的不平等”时，茫然不知其解。“从身份到契约”运动中契约自由所推崇的“人格平等”只是一种抽象的平等，一旦实践于现实经济生活中，面对经济地位的不平等所造成的具体人格不平等，契约自由也就失去了其真实性。面对因社会经济的深刻变化而引起的种种社会问题，“契约”显得力不从心。对这种产生不平等的经济地位的新型身份关系的调整，就重新落到“身份权”头上。各国法学界相继出现了从对市场主体以抽象人格把握到对市场主体以具体人格把握的转变，不断出现以身份为基础构筑规范体系的立法，以期实现对弱者的保护，比如员工、消费者、利益相关者等。于是，现代法学体系兴起了

“从契约到身份”运动。正如学者们所言：梅因提出的“从身份到契约”的发展近年来已表现出相反的趋向，私人间的法律关系不再只是通过自由的契约行为来实现，而是越来越多地通过身份关系来确定。

契约作为一种平等主体之间的自由意志协定，明确了当事人相互之间的权利和义务。在契约社会中，一个人的权利必然担负着与其相对应的义务。然而，社会中总有一部分人是不能纳入这一规范的，因为他们无法在行使权利的同时承担相应的义务。这就使我们陷入了矛盾之中：契约要求建立在双方自由平等的基础之上，它隐含了平等、自由、功利和理性的原则，但是，当我们按照契约社会的内在要求建立平等的社会规范时，社会公平却同时受到了威胁。一个完全平等的社会，在某种程度上一定是不公平的。因为人在社会中实现自身利益的能力主要取决于两方面的因素：一是制度性因素。由于制度存在着刚性缺陷，任何一项制度都有其不同的受益者，这种制度资源的不均衡受益成为影响人们实现自身利益的重要因素，因为法律所赋予的权利往往是决定人的经济地位、机会等现实利益的根源所在。这种在制度资源占有上的差距，往往导致弱势群体的利益无法得到实现。二是原生性因素，如人的智力、身体健康状况、家庭出身等。由于这些天然禀赋的差异，机会对于每个人来讲其实现程度是不一样的。在市场经济体制下，即使建立了一整套有关公平竞争的法规和政策，也会有部分社会成员由于受其本身各种条件的限制，经常处于不利的竞争地位。尽管有了专门保护这类人的权利的法规，但凭其自身的能力去实现其权利的手段却不具备。在完全以机会平等作为整合手段的契约社会里，由于原生性因素而不能充分实现其机会利益的人将落入社会的底层。社会弱势群体的出现，已经或可能引发一系列显性或隐性的社会结构性矛盾，使社会成员对社会公正、社会公平等基本价值理念产生怀疑，认为当今社会是一个不公平、不公正的社会。尽管“从身份到契约”所体现的理性和平等是社会发展的规律，但如何同时弥补其缺陷和保护社会整体稳定则是我们更应关注的问题。

20 世纪以来，发生了一个明显的变化，就是不再过分强调契约自由了，对那些为了换取不足以维持生计的报酬而出卖血汗的人谈契约自由，完全是一种尖刻的讽刺。罗尔斯也指出，社会和经济的不平等应这样安排，在与公正的储蓄原则一致的前提下，对社会中最弱势的人（the least advantaged）最为有利。要克服契约社会的缺陷，保证社会弱势群体利益的实现，就要求我们在社会整体契约化的框架下，将弱势群体的利益在肯定和保护的基础上用法律的形式固定下来，即将其“身份化”，使其真正可以享有由于其特殊身份所带来的福利和特权，以期在实现社会契约平等的同时兼顾社会公平。

“从契约到身份”并不是历史的简单倒退。如果说“从身份到契约”强调的是“个体平等”，那么“从契约到身份”强调的可以说是“社会正义”。这种趋向是“从抽象人格到具体人格，从一体保护到弱者保护，从自由放任到国家干预，从形式正义到实质正义，从个人本位到社会本位”。“从契约到身份”是在“从身份到契约”的基础上进行的，没有普遍的个人平等和自由，也就无所谓对个别群体的关注和保护。

综上所述，对社会弱势群体的权利进行特别保护的理论基础的价值取向是以“身份”求正义。正义所要求的平等绝非物理量上的绝对相等。日本学者桥本公亘认为，法的平等，之所以非为绝对的平等之意，而为相对的平等之意者，系由于现实生活中之具体的人类，具有事实上之差异，如忽视此种差异，而实现数学上的平等，宁为不平等之强制。因此，这种对于社会弱势群体的“身份化”的规定和以实质平等为基础的保护，实为正义的题中应有之义。

需要指出的是，“从契约到身份”中的身份是一种“有限身份”。含义有二：其一，这种身份化的范围是有限的，它只是针对由于契约社会存在缺陷而导致的弱势群体，而并非社会全体；其二，这种身份化的程度也是有限的，它所给予的保护只囿于在社会生活中由于不公正而导致的利益损失，其所欲达到的保障界线不应超过社会利益的平均水平。我们决不能将其夸大，使其成为真正的身份特权。“从身份到契约”是历史发展的趋势，“从契约到身份”是对这一趋势的补充和完善。将二者有机地结合起来，是实现社会契约平等的同时兼顾社会公平，进而达到社会和谐永续发展的合理模式。

第6章

企业债务融资与企业价值相关关系的实证分析

6.1　我国债务融资现状

从2001年以来，我国上市公司资产负债率逐年上升（见表6—1）。从2006年开始，我国上市公司的资产负债率更是超过了80%，并且除2007年外一直保持有增无减的态势，已经处于非常高的水平。

上市公司资产负债率的上升，主要是因为债务融资的发展。企业债务融资早在20世纪80年代就在我国出现了，经过改革开放30多年，债务融资逐渐成为企业融资的重要方式。在中国共产党第十七次全国代表大会的报告中，中央提出要优化资本市场结构，为企业直接融资创造更多的渠道。针对此，国务院也下达了《关于推进资

表 6—1　　2001—2010 年我国上市公司平均资产负债率

年份	2001	2002	2003	2004	2005	2006	2007	2008	2009	2010
资产负债率（%）	55.64	64.76	67.98	69.66	71.85	84.70	83.65	85.18	86.11	87.16

本市场改革开放和稳定发展的若干意见》，这些政策进一步促进了我国债务融资的发展。

在 1997 年亚洲金融危机之后，我国股票市场受到了一定的打击。2002—2012 年十年间，我国股市虽然经历大起大落，但是十年之内回归原点，这就增加了公司上市的难度。2002 年之后证监会逐步加强了对公司上市和上市公司配股的监管，要求越来越高，公司上市和配股变得愈发困难。于是，很多未上市的公司不再选择上市，已上市公司也逐渐改变自己的再融资方式。在这种情况下，债务融资变得火热起来。从 2001 年开始，企业债务融资逐步升温，并每年都有大幅度提高。在 2009 年，企业债券发行额就达到了 18 000 亿元（见图 6—1）。

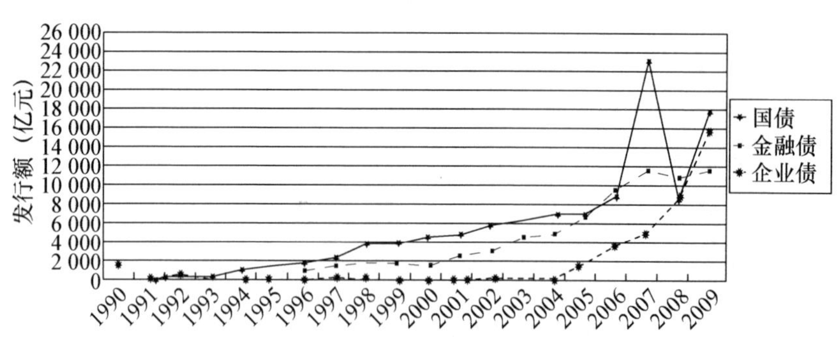

图 6—1　1990—2009 年全国债券发行额对比

企业债券融资和银行贷款是债务融资的两种主要方式。在我国，银行贷款是我国企业债务融资的主要方式，地位显著高于债券融资和股票融资（见表 6—2）。企业债券融资在我国兴起的时间并不长，发展

表6—2　1990—2009年全国债券发行情况汇总表　单位：亿元

年份	国债			金融债			企业债			资产支持证券		
	发行额	兑付额	期末余额	发行额	兑付额	期末余额	发行额	兑付额	期末余额	发行额	兑付额	期末余额
1990	197.23	76.22	890.34	64.40	50.07	84.88	126.37	77.29	195.44	—	—	—
1991	281.25	111.60	1 059.99	66.91	33.67	118.12	249.96	114.31	331.09	—	—	—
1992	460.78	238.05	1 282.72	55.00	30.00	143.12	683.71	192.76	822.04	—	—	—
1993	381.31	123.29	1 540.74	—	34.29	108.83	235.84	255.48	802.40	—	—	—
1994	1 137.55	391.89	2 286.40	—	13.54	95.29	161.75	282.04	682.11	—	—	—
1995	1 510.86	496.96	3 300.30	—	—	1 708.49	300.80	336.30	646.61	—	—	—
1996	1 847.77	786.64	4 361.43	1 055.60	254.50	2 509.59	268.92	317.80	597.73	—	—	—
1997	2 411.79	1 264.29	5 508.93	1 431.50	312.30	3 628.80	255.23	219.81	521.02	—	—	—
1998	3 808.77	2 060.86	7 765.70	1 950.23	320.40	5 121.13	147.89	105.25	676.93	—	—	—
1999	4 015.00	1 238.70	10 542.00	1 800.89	473.20	6 447.48	158.20	56.50	778.63	—	—	—
2000	4 657.00	2 179.00	13 020.00	1 645.00	709.20	7 383.28	83.00	0.00	861.63	—	—	—
2001	4 884.00	2 286.00	15 618.00	2 590.00	1 438.80	8 534.48	147.00	—	—	—	—	—
2002	5 934.30	2 216.20	19 336.10	3 075.00	1 555.70	10 054.10	325.00	—	—	—	—	—
2003	6 280.10	2 755.80	22 603.60	4 561.40	2 505.30	11 650.00	358.00	—	—	—	—	—
2004	6 923.90	3 749.90	25 777.60	5 008.70	1 778.70	14 880.00	327.00	—	—	—	—	—
2005	7 042.00	4 045.50	28 774.00	6 818.00	2 053.00	19 703.10	2 046.50	37.00	—	—	—	—
2006	8 883.30	6 208.61	31 448.69	9 520.00	3 790.00	25 729.60	3 938.30	1 672.40	—	—	—	—
2007	23 139.10	5 846.80	48 741.00	11 912.90	4 133.60	33 343.00	5 058.50	2 880.90	7 683.30	178.10	50.90	285.70
2008	8 558.20	7 531.43	49 767.83	10 822.98	4 063.80	36 686.00	8 435.40	3 277.84	12 850.62	302.00	172.32	415.38
2009	17 927.24	9 745.06	57 949.98	11 678.10	3 745.33	44 818.83	15 864.40	4 309.12	24 405.90	—	244.00	171.38

资料来源：中国人民银行。

还比较缓慢。1981 年，我国的债券市场开始起步，一直到 2005 年，企业债券的种类并未发生什么变化。为了促进企业债券融资的发展，2005 年人民银行短期融资债券推出，2006 年，保监会推出了债券投资计划，2008 年中国银行市场交易商协会推出了中期票据。现在，短期票据、中期票据、公司债、中小企业集合债、可转债、中小非企业集合票据等都已成为我国企业债务融资可以选择的手段，虽然品种较多，但是依然不能适应日益复杂的企业需求。美国这种资本市场较为发达的国家具有十分丰富的债务融资工具，比如，企业信用债券、次级信用债券、企业抵押债券、企业担保债券、担保信托债券、可转换公司债券、多边信托债券、设备信托证、可赎回债券、产业发展债券、股票指数债券、浮动利率公司债券、污染控制债券、垃圾债券等。所以，企业的融资需求造就了融资工具的发展，融资工具进一步促进了企业融资。

如图 6—2 所示，1996 年企业债务融资额仅为 9 亿元，这一时期我国企业债务融资规模很小。一直到 2000 年之后，我国企业债务融资才取得逐步的发展，这得益于 1997 年银行间市场成立和之后的各种融资工具的发展。2009 年中国企业融资规模达到 17 859 亿元，市场余额为 26 675 亿元。虽然我国企业债务融资取得了快速的发展，但是其规模依然偏小。如图 6—3 所示，2007 年我国企业融资规模占 GDP 的比例只有 2.1%，2008 年为 3.1%，2009 年为 4.9%，而 2009 年美国的比例为 8%，泰国为 17.1%，韩国为 9.6%，台湾地区与我国大陆的比例接近，巴西低于中国（见图 6—3）。所以，我国企业债务融资的规模还有很大的提升空间。

我国企业债务融资规模呈现大幅增长的趋势，债务融资已经占到了整个社会融资的一定比例。1997 年，债务融资在整个社会融资中所占的比例不到 0.3%，而 2009 年超过了 10%，整整提高了三十几倍。债务融资比例的提高也有效地缓解了我国企业债务融资和股权融资长期严

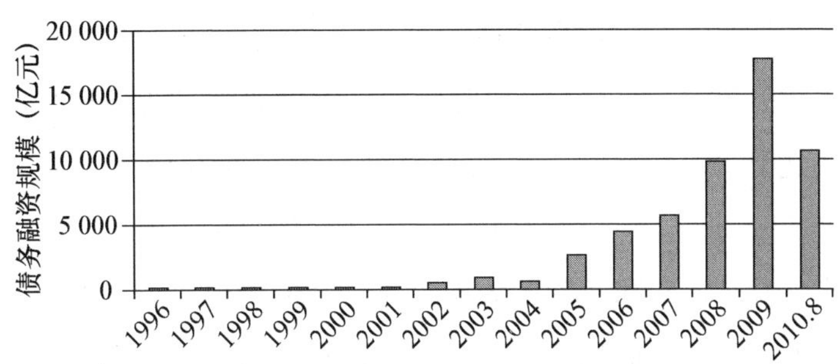

图6—2 1996年至2010年8月我国企业债务融资规模

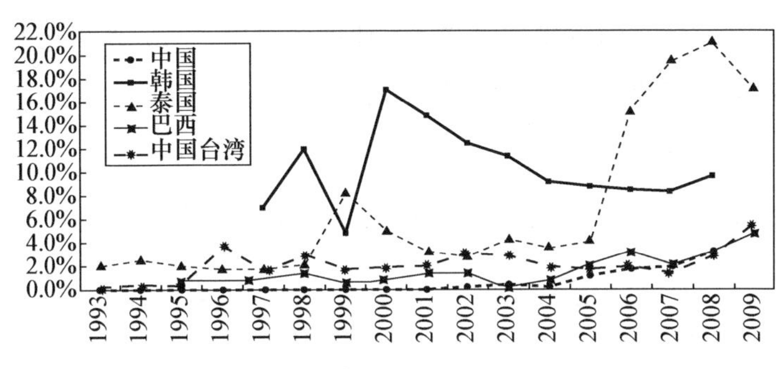

图6—3 企业债务融资规模/当年GDP

注：韩国数据只到2008年。

重失衡的情况。在1997年企业直接融资中，债务融资与股权融资的比例为1∶24；而到了2009年，债务融资不仅超过了股权融资，而且是股权融资的2倍，比例达到了7∶3。但是，我国企业债务融资的主要方式是银行贷款而不是发行企业债券，如果只算企业债券的发行，我国企业的债券发行规模远小于发达国家。2008年日本企业债券融资额占到企业融资总额的25%，美国为49%，而我国仅为10.22%，远远落后于美国和日本。美国是市场主导型融资模式，其企业债券市场十分发达，企业债是美国企业主要的融资方式。如图6—4所示，美国从2000年开始企业债券融资额一直为股票融资额的3倍以上，2006年和2007年分别为7.15倍和7.13倍；但日本是银行主导型融资模式，银行贷款是日本企业的主要融资方式，在这种情况下，日本企业债券的发展依然成绩不俗。日本在 2000 年以后债券融资额一直是股票融资额的 2 倍以上，2008 年还达到了 6.76 倍，这是十分难得的。而我国自 2000 年以来，除了 2006 年、2008 年、2009 年达到 1 倍以上，其余年份都在 1 倍以下。通过美国、日本和我国的数据对比，我们可以看出虽然我国债券市场并不发达，我国企业的债务融资基本依靠银行贷款，但这并不表示我国企业不需要企业债券市场提供融资，债券融资依然是今后我国企业融资的重要方式。我国需要大力发展企业债券市场，与股票市场并重，我国企业的债券融资方式不能仅仅依靠银行贷款。

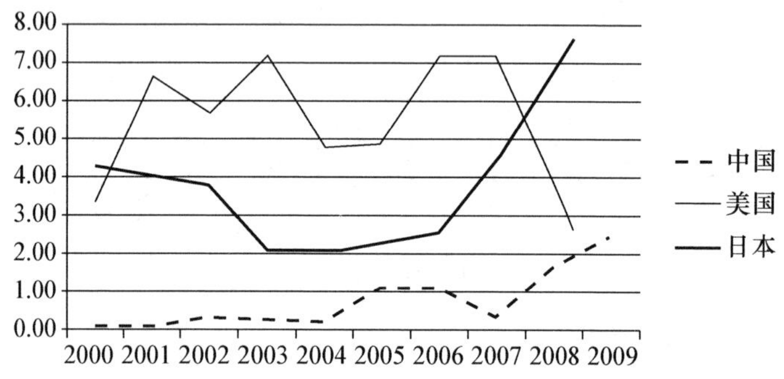

图 6—4　美、日、中各年债券融资额与股票融资额的比值

注：美国和日本数据只到 2008 年。

相对于股权融资，债务融资可以控制融资额度和融资周期，尤其当企业经营情况良好、发展稳定、容易受到债权人的青睐时，融资效率较股权融资高。因此，很多企业采用这种方式。但是我国企业债务融资主体依然以国企为主。如表 6—3 和表 6—4 所示，我国企业债务融资在企业融资中的比例逐渐上升。2009 年共有 536 家企业选择债务融资，采用企业债的国企为 162 家，民企为 2 家；采用短期融资券的国企为 193 家，民企为 10 家；采用中期票据的国企为 110 家，民企为 2 家。从发行额来看，国企占据着债券融资市场的主体，国企中期票据发行额占中期票据总发行额的 97.8%，公司债占 97.6%，短期融资券占 97.3%，企业债占 91%。民营企业、集体企业、外资企业所占比例十分有限。由于存在着企业产权歧视，非国有企业基本在债务融资市场上难以得到融资，发行企业债困难重重，银行贷款也很难获得，这种问题亟需我国债务融资市场得到解决。

表 6—3　　　　债务融资在我国企业融资总额中的地位变化

年份	企业融资总额（亿元）	债务融资总额（亿元）	债务融资比例（%）
1997	12 309	35	0.28
1998	12 691	42	0.33
1999	11 786	167	1.42
2000	14 685	83	0.57
2001	13 957	147	1.05
2002	20 515	325	1.58
2003	31 629	336	1.06
2004	25 897	327	1.26
2005	28 511	2 010	7.05
2006	37 199	2 266	6.09
2007	48 027	2 290	4.77
2008	59 459	6 078	10.22
2009	122 565	12 320	10.05
2010	123 689	14 480	11.7

表 6—4　　　　2009 年进行债务融资的企业类型分布及规模构成

类型	企业数				融资额（亿元）		
	短期融资券	公司债	中期票据	企业债	短期融资券	公司债	中期票据
国有企业	193	43	110	162	4 489	717	6 730
集体企业	2	0	3	0	19	0	95
民营企业	10	1	2	2	66	8	38
外资企业	1	0	0	0	8	0	0
中外合资企业	4	1	2	0	30	10	22
总计	210	45	117	164	4 612	735	6 885

注：公司债一般由上市公司发行，企业债则是由非上市公司发行。表中融资额部分，由于没有找到企业债部分的相关数据，所以企业债的融资额数据缺失。

在我国现有的规范贷款融资、债券融资和公司治理方面，除了《公司法》、《商业银行法》、《证券法》等基本法律法规外，国务院、中国人民银行、证监会分别从政策和法律各个方面作出了规定。例如，国务院于1998年6月下发的《关于在国有中小企业和集体企业的改制过程中加强金融债权管理的通知》要求对金融债权未落实的企业不得改制，有关部门不得为其办理有关改制审批和登记手续，也不得颁发新的营业执照；中国人民银行在1999年1月下发的《关于加强金融债权管理，建立防范和制裁逃废金融债务行为制度的通知》建立了监测及报告制度、废逃债企业名单制度、清理多头开户的信用审查制度、管理责任制等；中国人民银行推行贷款证制度和主办银行的试点，并分别颁布了《贷款证管理办法》及《主办银行管理暂行办法》；中国证监会、国家经贸委在2002年1月7日颁布的《中国上市公司治理准则》，为公司治理提供了明确的范本和原则等。①

我国目前的法律法规与相关政策对银企关系的定位确实多从债权保全和清偿管理的角度出发，并未为银行实际介入公司治理预留空间。同时，我国《公司法》第七章对公司债券作出了规定，从概念、募集办法以及登记制度对公司发行债券以及债权转让等方面进行了规制，并且对可转换公司债券的发行以及转换的方式进行了初步的规定，完善了部分内容。但是《公司法》并未对公司债债权人的权益保护设置相关的保护措施，没有对公司债债权人会议给予准入的空间。公司债债权人与发行公司之间事实上基本处于隔离状况，其权益被忽视、被侵犯的事件常常发生。

---

① 参见郝春莉、张世国：《商业银行在公司治理中的作用》，载《中国律师》，2004（1）。

6.2 企业债务融资与企业价值相关关系的实证研究

从文献综述中我们可看出，关于资产负债率和企业绩效之间的关系，学者们做了一些论证，结论也不尽相同。总体来看，中国和印度的国情和企业的所有权结构都类似，而且都处于发展中国家的经济起飞阶段。对于印度企业的实证分析表明，资产负债率与企业绩效之间存在明显负相关关系，所以，笔者假设若以中国的企业作为实证分析对象，所得到的结论应该一致。故提出如下假设：

假设1：企业资产负债率与企业绩效之间成负相关关系。

假设2：企业长期负债率与企业绩效之间成负相关关系。

（1）被解释变量。很多文献都用托宾 *Q* 和净资产收益率来代表公司绩效，但托宾 *Q* 指标是上市公司的市场价值可以被看作其未来现金流量现值的无偏估计（Lang，Stulz，1994）。西方国家的学者研究比较倾向这个指标，而我国股票市场的有效程度尚不适合采用托宾 *Q* 指标。所以，本书选取总资产收益率（ROA）作为公司绩效的替代变量。

变量定义如下：

总资产收益率＝净利润/年初、年末总资产平均值

（2）解释变量。选取资产负债率（DAR）和长期负债率（LDR）作为债权变量。

资产负债率＝负债总额/资产总额

长期负债率＝长期负债/负债总额

（3）控制变量。除债权外，其他因素也有可能影响公司绩效。本书

选取公司规模（SIZE）和成长能力（GROWTH）作为控制变量，用总资产的自然对数来表示公司规模。

根据假设条件，本书分别建立两个回归模型如下：

$$Y=\beta_0+\beta_1 \mathrm{DAR}+\beta_2 \mathrm{SIZE}+r$$

$$Y=\beta_0+\beta_1 \mathrm{LDR}+\beta_2 \mathrm{SIZE}+r$$

在此模型中，Y 是总资产收益率的替代量。β_0 是截距，β_1 和 β_2 是模型回归系数，r 为随机误差项。

本书选取的样本是 2010 年中国上市公司的数据，其中剔除了金融类公司的数据，选取了资产负债率大于 0、长期负债率大于 0 的公司，获得了 1 708 个数据样本。

6.2.1 假设 1

由表 6—5 可以看出，均值利用了全体数据，代表了数据的一般水平，均值的大小易受数据中极端值的影响。总资产自然对数的均值最高为 21.844 412，而总资产净利润率和资产负债率的均值分别为 0.064 127和 0.451 048，相差不大。在标准差的计算里，想刻画三者数据关于均值的平均离散程度。一般说来，样本标准差越大，说明变量值之间的差异越大，距均值这个中心值的离散趋势越大。样本数据的总资产净利润率为 0.088 593 7，总资产自然对数为 1.272 789 9，资产负债率为 0.214 138 9，三者关于均值的离散程度不大。

表 6—5　　描述性统计量

	均值	标准差	N
总资产净利润率	0.064 127	0.088 593 7	1 708
总资产自然对数	21.844 412	1.272 789 9	1 708
资产负债率	0.451 048	0.214 138 9	1 708

在 Pearson 相关性检验中，总资产净利润率与总资产自然对数的相关系数为－0.117，说明两者之间存在负的相关性，其相关系数检验的概率 P 值近似为 0，因此，当显著性水平为 0.05 时，应拒绝相关系数检验的原假设，认为两者不是零假设的，而是负相关的。总资产净利润率与资产负债率的相关系数为－0.245，说明两者之间存在负的相关性，其相关系数检验的 P 值近似为 0，因此，当显著性水平为 0.05 时，应拒绝相关系数检验的原假设，认为两者不是零假设的，而是负相关的。而总资产自然对数与资产负债率的相关系数为 0.469，说明两者之间存在一定的正相关性（见表 6—6）。

表 6—6　　相关性

		总资产净利润率	总资产自然对数	资产负债率
Pearson 相关性	总资产净利润率	1.000	－0.117	－0.245
	总资产自然对数	－0.117	1.000	0.469
	资产负债率	－0.245	0.469	1.000
Sig.（单侧）	总资产净利润率	—	0.000	0.000
	总资产自然对数	0.000	—	0.000
	资产负债率	0.000	0.000	—
N	总资产净利润率	1 708	1 708	1 708
	总资产自然对数	1 708	1 708	1 708
	资产负债率	1 708	1 708	1 708

从方程建立的过程看，随着解释变量的减少，方程的拟合优度下降了。这一方面说明了判定系数的自身特性，同时也说明建立回归方程并不一味以追求高的拟合优度为唯一目标，还要重点考虑解释变量是否对被解释变量有贡献。可以看出被保留的 F 检验的概率 P 值小于显著性水平 0.05，方程的 DW 检验值为 1.928，残差存在一定程度正自相关性（见表 6—7）。

表 6—7　　模型汇总[b]

R	R^2	调整的 R^2	标准估计的误差	更改统计量					Durbin-Watson
				R^2 更改	F 更改	df1	df2	Sig. F 更改	
0.245[a]	0.036	0.035	0.085 939 1	0.060	54.542	2	1 705	0.000	1.928

a. 预测变量：常量、资产负债率和总资产自然对数。
b. 因变量：总资产净利润率。

从方差分析可以看出，被解释变量的总离差平方和为 13.398，回归平方和为 0.806，回归方差为 0.403，残差平方和及其方差分别为 12.592 与 0.007，F 检验统计量的观测值为 54.542，对应的概率 P 值近似为 0。依据表 6—7 可以进行回归方程的显著性检验。如果显著性水平为 0.05，由于概率 P 值小于显著性水平，应拒绝回归方程显著性检验的原假设，认为各回归系数不同时为 0，被解释变量与解释变量全体的线性关系是显著的，可建立线性模型（见表 6—8）。

表 6—8　　ANOVA[b]

模型	平方和	df	均方	F	Sig.
回归	0.806	2	0.403	54.542	0.000[a]
残差	12.592	1 705	0.007		
总计	13.398	1 707			

a. 预测变量：常量、资产负债率和总资产自然对数。
b. 因变量：总资产净利润率。

由表 6—9 可以看出，若显著性水平为 0.05，常量与资产负债率除外，总资产自然对数的显著性 t 检验的概率 P 值为 0.941，大于显著性水平，认为偏回归系数与 0 无显著差异，与解释变量的线性是不显著的。同时，从容忍度和方差膨胀因子 VIF 来看，总资产自然对数和资产负债率均为 1.283，多重共线性不严重。VIF 越接近 1，其多重共线性越弱（见表 6—9）。

表 6—9　　系数[a]

	非标准化系数		标准系数	t	Sig.	相关性			共线性统计量	
	B	误差				零阶	偏	部分	容差	VIF
常量	0.113	0.038		2.935	0.003					
总资产自然对数	0.000	0.002	−0.002	−0.074	0.941	−0.117	−0.002	−0.002	0.780	1.283
资产负债率	−0.101	0.011	−0.244	−9.187	0.000	−0.245	−0.217	−0.216	0.780	1.283

a. 因变量：总资产净利润率。

依据表 6—10 可以进行多重共线性检验，从方差比例来看，第三个特征值既能解释常量方差的 100%，也可解释总资产自然对数方差的 100%，同时还可以解释资产负债率方差的 18%，因此，有理由认为这些变量间是存在多重共线性的。从条件指数看，第三个条件指数 45.479 大于 10，进一步说明变量间的确存在多重共线性，表现出中等多重共线性（见表 6—10）。

表 6—10　　共线性诊断[a]

模型	维数	特征值	条件指数	方差比例		
				常量	总资产自然对数	资产负债率
1	1	2.878	1.000	0.00	0.00	0.02
	2	0.121	4.875	0.00	0.00	0.80
	3	0.001	45.479	1.00	1.00	0.18

a. 因变量：总资产净利润率。

从表 6—11 可以看出，若回归方程能够明显地反映解释变量的特征和变化规律，则残差统计量不包含明显的规律性和趋势性，标准化残差与标准正态分布不存在显著性差异，可以认为残差满足了线性模型的前提要求。

表 6—11　　残差统计量[a]

	极小值	极大值	均值	标准差	N
预测值	0.009 205	0.108 798	0.064 127	0.021 724 7	1 708
残差	−0.249 149 2	2.888 634 9	0.000 000 0	0.085 888 7	1 708
标准预测值	−2.528	2.056	0.000	1.000	1 708
标准残差	−2.899	33.613	0.000	0.999	1 708

a. 因变量：总资产净利润率。

6.2.2　假设 2

由表 6—12 可以看出，均值利用了全体数据，代表了数据的一般水平，均值的大小易受数据中极端值的影响。总资产自然对数的均值最高为 21.844 412，而总资产净利润率和长期负债率的均值分别为 0.064 127和 0.188 752，相差不大。而标准差的计算主要刻画了三者数据关于均值的平均离散程度。一般来说，样本标准差越大，说明变量值之间的差异越大，距均值这个中心值的离散趋势越大。样本数据的总资产净利润率为 0.088 593 7，总资产自然对数为 1.272 789 9，长期负债率为 0.191 263 8，三者关于均值的离散程度不大。

表 6—12　　描述性统计量

	均值	标准差	N
总资产净利润率	0.064 127	0.088 593 7	1 708
长期负债率	0.188 752	0.191 263 8	1 708
总资产自然对数	21.844 412	1.272 789 9	1 708

在 Pearson 相关性检验中，总资产净利润率与总资产自然对数的相关系数为−0.117，说明两者之间存在负的相关性，其相关系数检验的概率 P 值近似为 0，因此，当显著性水平为 0.05 时，应拒绝相关系数检验的原假设，认为两者不是零假设的，而是负相关的。总资产净利润率与长期负债率的相关系数为−0.122，说明两者之间存在负的相关性，

其相关系数检验的 P 值近似为 0，因此，当显著性水平为 0.05 时，应拒绝相关系数检验的原假设，认为两者不是零假设的，而是负相关的。而总资产自然对数与长期负债率的相关系数为 0.317，说明两者之间存在一定的正相关性（见表 6—13）。

表 6—13　　相关性

		总资产净利润率	长期负债率	总资产自然对数
Pearson 相关性	总资产净利润率	1.000	−0.122	−0.117
	长期负债率	−0.122	1.000	0.317
	总资产自然对数	−0.117	0.317	1.000
Sig.（单侧）	总资产净利润率	—	0.000	0.000
	长期负债率	0.000	—	0.000
	总资产自然对数	0.000	0.000	—
N	总资产净利润率	1 708	1 708	1 708
	长期负债率	1 708	1 708	1 708
	总资产自然对数	1 708	1 708	1 708

从方程建立的过程看，随着解释变量的减少，方程的拟合优度下降了。这一方面说明了判定系数的自身特性，同时也说明了建立回归方程并不一味以追求高的拟合优度为唯一目标，还要重点考虑解释变量是否对被解释变量有贡献。可以看出，被保留的 F 检验的概率 P 值小于显著性水平 0.05，方程的 DW 检验值为 1.905，残差存在一定程度的正自相关性（见表 6—14）。

表 6—14　　模型汇总[b]

R	R^2	调整的 R^2	标准估计的误差	更改统计量					Durbin-Watson
				R^2 更改	F 更改	df1	df2	Sig. F 更改	
0.147[a]	0.022	0.021	0.087 678 4	0.022	18.913	2	1 705	0.000	1.905

a. 预测变量：常量、总资产自然对数和 长期负债率。
b. 因变量：总资产净利润率。

从表 6—15 的方差分析可以看出，被解释变量的总离差平方和为 13.398，回归平方和为 0.291，回归方差为 0.145，残差平方和及其方差分别为 13.107 与 0.008，F 检验统计量的观测值为 18.913，对应的概率 P 值近似为 0。依据该表可以进行回归方程的显著性检验。如果显著性水平为 0.05，由于概率 P 值小于显著性水平，应拒绝回归方程显著性检验的原假设，认为各回归系数不同时为 0，被解释变量与解释变量全体的线性关系是显著的，可建立线性模型。

表 6—15　　ANOVA[b]

模型	平方和	df	均方	F	Sig.
回归	0.291	2	0.145	18.913	0.000[a]
残差	13.107	1 705	0.008		
总计	13.398	1 707			

a. 预测变量：常量、总资产自然对数和长期负债率。
b. 因变量：总资产净利润率。

由表 6—16 可以看出，若显著性水平为 0.05，常量与长期负债率除外，总资产自然对数的显著性 t 检验的概率 P 值为 0.641，大于显著性水平，认为偏回归系数与 0 无显著差异，与解释变量的线性是不显著的。同时，从容忍度和方差膨胀因子 VIF 来看，总资产自然对数和长期负债率均为 1.112，多重共线性不严重。VIF 越接近 1，其多重共线性程度越弱。

表 6—16　　系数[a]

模型	非标准化系数		标准系数	t	Sig.	相关性			共线性统计量	
	B	标准误差				零阶	偏	部分	容差	VIF
常量	0.204	0.038		5.395	0.000					
长期负债率	−0.044	0.012	−0.095	−3.758	0.000	−0.122	−0.091	−0.090	0.900	1.112
总资产自然对数	−0.006	0.002	−0.087	−3.427	0.641	−0.117	−0.083	−0.082	0.900	1.112

a. 因变量：总资产净利润率。

依据表 6—17 可以进行多重共线性检验。从方差比例来看，第三个特征值既能解释常量方差的 100%，也可解释总资产自然对数方差的 100%，同时还可以解释长期负债率方差的 9%，因此，有理由认为这些变量间是存在多重共线性的。从条件指数看，第三个条件指数 41.119 大于 10，进一步说明变量间的确存在多重共线性，表现出中等多重共线性。

表 6—17　　共线性诊断[a]

模型	维数	特征值	条件指数	方差比例		
				常量	长期负债率	总资产自然对数
1	1	2.619	1.000	0.00	0.05	0.00
	2	0.380	2.625	0.00	0.87	0.00
	3	0.002	41.119	1.00	0.09	1.00

a. 因变量：总资产净利润率。

从表 6—18 可以看出，若回归方程能够明显地反映解释变量的特征和变化规律，则残差统计量不包含明显的规律性和趋势性，标准化残差与标准正态分布不存在显著性差异，可以认为残差满足了线性模型的前提要求。

表 6—18　　残差统计量[a]

	极小值	极大值	均值	标准差	N
预测值	0.016 306	0.090 785	0.064 127	0.013 052 0	1 708
残差	−0.254 749 7	2.844 999 1	0.000 000 0	0.087 627 0	1 708
标准预测值	−3.664	2.042	0.000	1.000	1 708
标准残差	−2.906	32.448	0.000	0.999	1 708

a. 因变量：总资产净利润率。

6.3　实证结论

通过实证分析，我们发现，中国上市公司的资产负债率和企业绩效之间成负相关关系。同时，根据企业负债结构，长期负债对于企业绩效的影响是负面的。总资产净利润率与资产负债率的相关系数为－0.245，说明两者之间存在负的相关性，其相关系数检验的 P 值近似为 0。同时，总资产净利润率与长期负债率的相关系数为－0.122，说明两者之间存在负的相关性，其相关系数检验的 P 值近似为 0，所以认为两者不是零假设的，而是负相关的。

实证分析的结果印证了笔者提出的两个假设。这就表明，在中国的企业中，企业的资产负债率越高，企业绩效反而越低；企业的融资性负债比例越高，企业绩效反而越低。对于债权人来说，其债权赖以实现的条件就是债务企业的经营业绩。如果企业的经营每况愈下甚至资不抵债，那么债权人的债权就无法得到保障，债权人所面临的风险就会随着企业负债率的提高而加大。所以，根据以上实证结论，企业融资性债权人的风险很大，有必要参与到债务公司的内部治理之中来降低自身的风险。

同时，虽然实证样本是中国上市公司，但据前文所述，中国企业的平均资产负债率有着逐年递增的趋势，同时，发行债券进行融资已经越来越受到更多的中国企业所青睐。继公司上市融资之后，企业发行债券已经成为中国企业重要的融资工具之一。随着企业债券融资力度的不断加大，对于债券持有人即债权人来说，所面临的风险也是与日俱增的。因为根据实证结果，企业的负债率与企业绩效成负相关关系，所以，债权人面临着企业经营业绩不确定的风险。因此，债权人参与公司治理对于中国的债权人来说不仅是必要的，而且十分紧迫。

第7章 公司债债权人参与公司治理的方式

7.1 公司债和公司债债权人

7.1.1 公司债的概念和特点

所谓公司债，是指公司依照法定条件和程序，通过法定的方式，以债务人的身份与特定或者不特定的群体之间形成的一种金钱债务。公司债并不是指所有公司对外形成的债务，而仅仅指以公司债券形式所形成的债务。[①] 同时，发行公司承诺于指定到期日向公司债债权人还本付息。公司债与银行贷款融资不同，是公司通过证券市场取得企业经营所需资金。公司债一般分为记名公司债和无记名公司债、可转换公司债和不可转换公司债、有担保公司债和无

① 参见顾功耕主编：《商法教程》，94页，上海，上海人民出版社，2001。

担保公司债等。我国《公司法》第 153 条规定，“本法所称公司债券，是指公司依照法定程序发行、约定在一定期限还本付息的有价证券。”从概念中我们可以看出，公司债的本质是一种以有价证券的方式来表彰的债权债务关系。公司债具有如下特点：第一，公司债反映了债券持有人与发行公司之间的债权债务关系，其主体分别是发行公司债的公司和购买公司债的社会公众。第二，公司债持有人法律地位平等，同一次发行的公司债债权人的权利是相同的，只因所持有债券数量的不同而有债权大小之分。第三，由于发行公司债是公司融资的渠道之一，数额巨大，涉及主体范围众多，相对人权益的保护就成为了法律关注的焦点，所以法律对公司债的发行条件和程序均做了详细的规定，公司债的发行需具备法定的条件，并遵循法定的程序。第四，公司债上均记载有公司债的到期日，无论公司盈利与否，发行公司都有义务在规定的时间内还本付息，同时，公司债持有人有权利要求公司按照债券的规定还本付息。第五，公司债的实现优于公司股票的股息，公司在分配盈余或者分配剩余财产时，应先清偿公司债的本金和利息，但相比较股票而言，公司债债权人在一般情况下没有参与公司经营管理的权利。第六，公司债可以流通转让。公司债是资本市场的一种基本金融工具，具有很强的流通性，可以在依法设立的证券交易所自由转让。第七，公司债依托的制度根源是有限责任制度，所以，公司债的发行主体主要是有限责任公司和股份有限公司，两合公司、无限责任公司、股份两合公司等其他不承担有限责任的公司不能发行公司债。

7.1.2 公司债债权人的概念和权利

公司债债权人是指购买及持有公司所发行的债券的社会主体，包括自然人、法人和其他社会组织。公司债债权人仅指持有公司债券的人，而不包括合同之债、侵权之债等类型的债权人。公司债债权人与公司其他类型的债权人本质上是一致的，法律地位也相同，即“同属于对公司拥有一定数额的债权、有权在该债权到期时请求公司偿还本息的债权人”①，但在权利的行使与保障方面，比公司一般债权人具有更为有利的地位。

公司债债权人的权利是指持有人要求发行公司偿还债券本息，同时监督发行公司其他相关行为的权利。具体有以下三个方面：

第一，公司债债权人享有领取发行公司支付的债券利息以及在到期日领取发行公司归还的债券本金的权利。公司债债权人无论公司盈亏，都有权要求公司在约定的期限内按约定的利率支付利息，偿还本金，因此收益比较稳定。

第二，公司债债权人有自由转让公司债，或者以公司债为标的设定权利质押的权利。《公司法》第159条规定，公司债券可以转让，转让价格由转让人与受让人约定。公司债券在证券交易所上市交易的，按照证券交易所的交易规则转让。我国《物权法》第224条规定，以汇票、支票、本票、债券、存款单、仓单、提单出质的，当事人应当订立书面合同。质权自权利凭证交付质权人时设立；没有权利凭证的，质权自有关部门办理出质登记时设立。《物权法》第225条规定，汇票、支票、本票、债券、存款单、仓单、提单的兑现日期或者提货日期先于主债权到期的，质权人可以兑现或者提货，并与出质人协议将兑现的价款或者提取的货物提前清偿债务或者提存。

第三，公司债债权人有了解发行公司经营状况与财务状况的权利。由于公司的经营状况和财务状况直接关系到公司是否能够在承诺的时间

① 石少侠主编：《公司法》，118页，北京，中国政法大学出版社，2006。

点上对债务进行还本付息，所以，公司债债权人有权通过某些特定的方式关注公司的经营状况和财务状况，一旦发现问题，及时采取措施避免风险。

事实上，公司债债权人的权利不一定能够完全得到实现。一般公司债券可分为短期债券和长期债券，区别是以 1 年的时间为限。短期债券时间较短，在这段时间内，公司经营情况、市场前景、内部治理结构产生变化的概率相对于发行长期债券的公司较小，而长期债券时间较长，一般长达 3 年、5 年、10 年，在这个过程中，公司的发展前景无法预测，所以长期债券的风险高于短期债券，利率也相对较高。一旦发行公司遭遇经营风险，无法偿还发行债券的本息，同时又有公司有限责任制度作为对公司股东的保障，那么公司债债权人的权利就有落空的危险。因此，为了防止公司债债权人的权利落空，就必须有相应的制度来对公司债债权人进行保障。其中，债权人参与公司治理便是保护债权人的一种重要的途径。

7.2 债权人会议——公司债债权人参与公司治理的主体形式

7.2.1 设立公司债债权人会议的必要性和可能性

在债券持有人众多、债权相对比较分散的时候，需要将分散的债券持有人的力量集中起来，只有这样债权人才能有效地参与到发行公司的内部治理中。基于这个原则，公司债债权人会议制度应运而生。

公司债债权人是一类具有特殊地位的群体，这种特殊性决定了设置公司债债权人团体（bondholders' community）具有可能性。首先，同次发行的公司债债权人具有利益上的一致性。同次发行的公司债债权人有着共同的债务人、相同的偿还期限、偿还方式和利率。这种客观上的利益一致性为设立债权人团体以维护其共同利益提供了基础。公司债债权人地位和权利内容仅有量的差异，并没有实质上的不同。如瑞士1876年6月24日颁布的《公司法》第15条第一款规定，公司债虽为分散债务，但仍为一个统一债权。所以，全体公司债债权人在社会和经济上构成了一个利益团体，在公司债的管理中起到重要作用。其次，虽然利益上的一致性使公司债债权人能够形成利益共同体，但是其相对比较松散，只有在发行公司怠于还本付息时，才有发挥一致性的作用。这就使得公司债持有人在行使自己的权利时，若由个别人分别行使可能会产生一定的困难，导致其权利不能得到充分的保护。因而公司债持有人需要有统一的行动，由一部分债权人作为代表，为全体债权人的共同利益而为一定行为，其结果作用于所有债权人。①

虽然公司债持有人本来是权利相近的利益群体，但因为债权人为不特定的公众，信息能力薄弱，对于相关的专业知识并不熟悉，如果各债权人孤立维权，则不仅成本高昂，债权人也很可能无法获得足够的保护，其参与公司治理的效率也不会很高。同时，如果单个公司债持有人所持有的债券数额不多，其必然缺乏监督发行公司履行约定的积极性，甚至出于投机心理，很多公司债持有人寄希望于其他持有人对发行公司进行监督，以保证发行公司充分履行还本付息的义务，而自己则是搭便车者。② 另一方面，因为公司债债券持有人数量众多，种类复杂，均以个人身份独自参与公司治理将对公司的正常经营活动产生频繁干扰，导致公司经营决策效率损失，因此，只有把公司债债权人团结起来，形成团体，凭借团体的力量与公司处于对等地位，才能够更有效地监督发行公司对于债务的履行。同时，债权人形成团体也节约了发

---

① 参见石少侠主编：《公司法》，120页，北京，中国政法大学出版社，2006。

② 参见赵旭东主编：《公司法学》，439页，北京，高等教育出版社，2006。

行公司的运营成本。由于公司的经营环境不是一成不变的，公司需要在适当的时候对债券的有关事项进行调整——对发行人和债券持有人之间权利义务关系进行变更，而当发行公司有破产危险的时候，公司债债权人为了避免公司真正破产，就必须面临发行公司降低利率、停止履行义务、解除担保、缓期清偿等风险。如果债权人没有形成团体，发行公司遇到上述情况时则必须一个一个地征求各个债权人的同意。这样做成本高、效率低、成功的概率也比较小，难以取得所有债权人的一致同意。若债权人团体存在，发行公司则可与其协商，债权人团体通过债权人会议的形式征求众多债权人的意见，这时候，“少数服从多数”的原则就是债权人会议的决策原则。这样不仅能够保证债权人会议参与到公司的内部决策之中，降低自身的风险，同时也有利于提高公司经营决策的质量和效率。换句话说，债权人团体的意思决定机关就是债权人会议。

鉴于上述原因，为了维护同一次发行的公司债券持有人的整体利益，有必要创设债权人会议制度来代表债权人团体形成其意思表示。

7.2.2 公司债债权人会议的特征

债权人会议，即债券持有人会议（meeting of debenture holders），是指由同次公司债债权人所组成，就有关公司债债权人之共同利害关系事项而为决议，其决议对全体同次公司债债权人均能发生效力之法定、临时之合议团体。[①] 即代表同次公司债持有人利益、形成债券持有人集体意志的非常设组织。台湾学者认为，公司债债权人会议是同一类公司债债权人，就法律上或信托契约上所定对公司债债权人之利害有重大关

① 参见柯芳枝：《公司法论》，377页，北京，中国政法大学出版社，2004。

系的事项，以一定的方法决议而决定其全体意思的临时合议体。公司债债权人会议具有如下特征：

第一，公司债债权人会议区别于董事会、监事会等，并不是公司的法定机关，所决定的事项仅以其共同利害关系为限，主要包括发行公司怠于履行还本付息义务，这是其与股东大会的本质区别。由于债权人会议与发行公司处于对立地位，因此公司债债权人会议并没有谋求发行公司利益的义务，只得谋求公司债债权人的利益。

第二，公司债债权人会议可以采取集体行动（collective action）、适用资本多数原则进行决策。由于公司债持有人人数众多、力量分散，单一的债券持有人很难有力量独自抗衡发行公司，其保护自身的能力也十分有限。同时，同一次公开发行公司债的债券持有人的权利义务相近，所以公司债债权人会议把这些持有人联合起来，形成比较强大的力量来保护自身利益。

第三，债权人会议拥有的权利可以归纳为知情权和异议权两项。知情权是指对公司重大经营活动和经营状况了解知悉的权利；异议权是指债权人会议对涉及自身利益的事项有权向发行公司提出疑问或者质疑，要求发行公司对于公司行为进行解释、要求发行公司提前清偿债务或提供担保、增加担保物价值等以保障自身利益。知情权是指债权人会议对发行公司有关公司合并、分立、重组、减少注册资本、对他人进行担保、担保物价值减少等对债权实现有重大影响的事项，债权人应该保持信息畅通，理应被通知，发行公司不得对债权人进行隐瞒和欺骗。

归纳起来，债权人会议的知情权具体包括公司债的偿还、公司债的担保、发行公司资本减少、公司合并分立、放弃担保（保证）、修改章程、经营范围改变等可能影响公司债权人权益的任何公司行为。

美国俄亥俄州 1989 年立法规定，发行公司在决定下列事项时，必须征得债券持有人同意：公司有合并或收购等行为、公司24%以上的董事离职或替换、公司出售20%以上比例的资产。[①] 美国《特拉华州普通公司法》规定，公司章程应该规定公司已经发行和将要发行的债券的持有人可以在规定的范围以规定的方式行使下列权利：就该公司的商业经营和事务管理进行投票的权利；查阅该公司簿册、账目和其他记录的权利。[②] 对于异议权，债权人会议有权针对公司的下列行为对公司进行监督并提出异议：公司不公平行为、抽逃资金、隐匿财产以逃避债务、公司不履行到期债务、推迟债务偿还期限。

7.2.3 公司债债权人会议制度的构建

1. 公司债债权人会议的召集与权限

一般来说，发行公司、公司债券一定比例的持有人和公司债受托人是召集公司债债权人会议的三类主体。《日本公司法》第717条规定，在有必要的情况下，公司债债权人会议可以随时召集。《韩国商法》第491条规定，发行公司、委托募集公司债的公司、10%以上的公司债持有人都可以请求召开债权人会议，在这个过程中，召集人需要提供开会目的事项和理由。《意大利民法典》第2415条规定，公司董事、债券持有人的代理人、5%以上的债券持有人都可以提议召开债权人会议，接到提议后，公司有义务在规定的时间内召开债权人会议。我国台湾地区法律规定[③]，发行公司、公司债债权人的受托人、5%以上的债券持有人都可以召集公司债债权人会议。

---

① 参见汤春来：《多元化利益主体参与公司治理的路径选择》，载《华东政法学院学报》，2002（3）。

② 参见虞政平：《美国公司法规范精选》，237页，北京，商务印书馆，2004。

③ 参见台湾地区《公司法》第263条。

由于公司债债权人会议是以会议的决议方式来行使权利，同时，债权人与公司股东一样具有分散的特点，所以很多国家和地区都将临时股东大会的召集程序适用到公司债债权人会议的召集程序，召集人就是会议的主席。例如，《意大利民法典》第2415条规定，有关临时股东大会的规定，适用于债券持有人会议。公司债债权人会议由同次公司债债权人组成，全体债权人均有权出席会议。

2. 公司债债权人会议内容

一般来说，债权人会议可以对以下事项进行决议：制定或撤销债券持有人代表、提起诉讼、免除公司债受托人的责任、设立或解除债券担保、减少或抵消本息、债转股、要求债务人提前清偿债务、债券币种的变动等。[①]《意大利民法典》第2415条规定，债券持有人大会就下列事项作出决议：任命和解除共同代理人；变更债券的条件；对监督经营和破产清算提出建议；为维护共同权益和有关财务报表所需的款项，设立基金；其他涉及债券持有人权益的事项。公司债债权人会议并非什么权利都有，公司债债权人会议的宗旨是确保发行公司能偿还债务，维护债权人利益。但是公司债债权人毕竟地位与股东不同，所以，公司债债权人会议不能对公司日常经营的所有事情都指手画脚进行干涉。债权人会议的权利仅限于与全体债券持有人利益相关的重大事项，只有在全体债券持有人的利益受到威胁的时候，公司债债权人会议才能够挺身而出，为其做主，否则，债权人会议并无权干涉公司的正常经营。《法国商事公司法》第317条确认了公司债债权人的“个人权利”理论，因此，禁止公司债债权人会议的下列行为：确立同一期债权人之间的不平等待遇；公司债债权人会议决定将债

① 参见吴春岐、董一鸣主编：《公司法》，165页，北京，中国政法大学出版社，2006。

券转换成股票（除非原来就规定可以转换）；增加公司债债权人承担的义务。

3. 公司债债权人会议决议的效力

“少数服从多数”是公司债债权人会议的基本决议原则，该决议对所有成员都具有约束力。为了保障同次发行的公司债债权人的利益，有的国家规定债权人会议的决议必须经过法院的认可才具备法律效力。例如，《韩国商法》规定，公司债债权人会议应该将所形成的决议在一周内由会议召集人递交法院，经过法院的认可，会议决议才具备法律效力，否则不生效。《日本公司法》第732条规定，在达成公司债债权人会议决议后，召集人自作出该决议之日起，一周内必须向法院提出对该决议的认可申请。同时，很多国家规定了法院不予认可公司债债权人会议决议的情形。《韩国商法》规定，在下列情形下，法院不予认可公司债债权人会议的决议：债权人会议的召集程序违法、债权人会议的决议方法违法或违反募集计划书、决议显失公正、决议违反公司债权人的普遍利益、决议以不正当的方法达成等。台湾地区《公司法》规定，法院对于下列债权人会议的决议不予认可：召集会议的手续或方法违法或违反募集计划书、决议显失公正、决议违反一般债权人的根本利益、决议以不正当的方法形成等。

4. 公司债债权人会议决议的执行

公司债债权人会议的决议需要由独立的第三方负责具体执行才能发挥作用，因此，债权代理人就成为了保障公司债债权人会议作用有效发挥的民事主体。《法国商事公司法》规定，公司债权人会议应选出一名或者数名代理人，在任何情况下不得超过3人，代理人也可以在合同中指定。《日本公司法》规定，发行公司或公司债管理公司负责召开债权人会议。其中，公司债管理公司其实就是债权代理人，在发行公司募集公司债的时候，应该先确定债权代理人，委托其实施债权保全、清偿债务受领和其他事宜。《意大利民法典》第2416条规定，共同代理人应当执行债券持有人大会的决议。

7.3　公司债受托人制度

7.3.1　公司债受托人制度的形成机理

公司债受托人制度是从信托制度中演变而来。信托是一种财产管理方式，最早是从罗马法的遗产托管制度发展而来，后来在英美法系国家逐渐发展。真正意义上的信托制度于13世纪产生，在当时受托人不是依照法律而是依照良心管理信托财产及交付信托利益，受托人是否合理管理财产完全取决于他的道义，受益人无权获得法律保护。[①] 15世纪初，英国衡平法[②]法院将受托人与受益人之间的关系确认为法律关系并给予保护。随着现代经济社会的发展，经济活动日趋复杂，金融信托公司和银行信托应运而生，信托制度已从中世纪无偿的传统型信托，转变成有偿的现代型信托。[③] 信托制度的核心是财产两权分离，财产所有权人将经营权赋予信托机构，充分利用信托机构的理财能力，使财产保值增值。

---

① 参见勒内·达维德：《当代主要法律体系》，361页，台湾，台湾五南图书出版公司，1990。

② 衡平法是英国自14世纪末开始与普通法平行发展的、适用于民事案件的一种法律，是英美法系中法的渊源之一。它以“正义、良心和公正”为基本原则，以实现和体现自然正义为主要任务。同时，衡平法也是为了弥补普通法的一些不足之处而产生的。因此，衡平法也只能像普通法一样，主要是判例法，是由大法官的判例形成的、调整商品经济下财产关系的规范。但是，衡平法的形式更加灵活，在审判中更加注重实际，而不固守僵化的形式。

③ 参见赖源河、王志诚：《现代信托法论》，5页，台湾，台湾五南图书出版公司，1997。

从信托制度的发展过程来看，信托产生和发展的经济条件主要有三个：

第一，私有财产制的存在为信托制度提供了基础。由于私有财产的存在，人们对生活资料、生产资料才有了私人的占有权，人们对财产管理和处理也就有了相应的要求。在这种背景下，信托这种为他人利益管理财产的制度才有可能诞生。

第二，财产所有者的经营管理能力千差万别使信托制度有了现实需要。财产所有者虽然对财产拥有所有权，但是由于各种原因，财产所有者没有精力、时间、经验、能力来管理经营自身的财产，这时，财产信托就应运而生，那些有时间、有精力、有专业知识但是缺乏财产的人就可以帮助财产拥有者管理他们的财产。

第三，商品经济的繁荣促进了信托制度的发展。随着经济的发展，人们的财富逐渐增加，特别是现代金融的发展，需要人们对自身的财产进行良好的规划。融资、投资、流动性等成为财富管理新的问题，如何能使个人财产在现代纷繁复杂的金融手段之中保值增值是对信托管理新的要求。这无疑促进了信托制度的发展和创新，金融信托也成为了现代信托业务的主要特征。

公司债受托人（indenture trustee）是指以信托合同为基础，为公司债债权人的利益，查核监督公司履行公司债发行事项，并在有担保的公司债情形下取得及保管发行公司为发行债券所设定的担保物的权利证明的特定金融机构。《布莱克法律词典》的定义为：公司债受托人是由债券信托合同指定的，享有债券信托合同权利，为债券持有人的利益要求债券债务人履行债券信托合同义务的人。[①] 公司债受托人制度是在信

① See "Indenture Trustee," *Black's Law Dictionary*, Sixth Edition, West Publishing Co., 1990.

托法原理的基础上设计的：委托人为发债公司，受托人是符合资质的金融机构，受益人是公司债债权人，债券持有人享有的合同权利和发行公司提供的担保财产为信托财产。公司债受托人制度是英美法长期历史发展与演变的结果，是英美法国家保护公司债持有人特有的制度。[①] 为保护公司债债权人的利益，大多数英美法系国家的公司法中都规定设置全体公司债债权人的法定代理人，这些法定代理人仅限于银行、信托公司或其他经许可从事信托业务的金融机构。

19 世纪初，债券信托合同为了满足登记铁路借款的抵押权人应运而生。由于抵押权人数量众多、分散，如果将抵押权人登记为债券持有人，就会产生由于债券的转让、抵押而导致抵押权人处于变化的状态，这就需要不断变更登记记录。这种做法显然成本很高，这就需要有一个机构来集中所有债权人抵押担保权，行使他们的权利，这个机构就是公司债受托人。公司债受托人制度起初是为了方便债券支付和转让的需要，一旦违约事件发生，受托人可以进行诉讼和按照比例清偿债券本金和利息。

7.3.2　对于传统公司债受托人制度的重构

传统公司债受托人制度最大的问题就是受托人虽名为债权人的受托人，然而其并非受公司债债权人的委托，而是受公司债发行公司的委托，由发行公司于申请募集公司债时，与特定金融机构订立信托合同约定双方的权利及义务。美国艾琳（Aleen）法官认为[②]，债券持有人购买债券就意味着放弃了为债券持有人利益而起诉债务人的权利，这实际

---

① 参见沈达明、冯大同：《国际资金融通的法律与实务》，150 页，北京，对外经济贸易大学出版社，1985。

② 参见 Feldbaum vs. McCrory Allen 一案。

上是一种霸王条款和格式合同，所以，可以让受托人代表债券持有人起诉债务人。也就是说，一旦购买了债券，就意味着接受了已经事先约定好的债券信托合同的所有条件，通过购买债券的行为，债券持有人就接受了债券发行人为他们指定的受托人，从而完成了对公司债受托人制度在信托法理论上的解释。但是这样的解释十分牵强，实际上，债券发行人将公司债受托人“绑定”在发行债券的条件上，是一种典型的具有“强买强卖”性质的格式合同。通过对公司债受托人的“绑定”，发行公司可以大做文章，避免很多由于债权人维权而带来的成本和风险，而公司债受托人也当然地为发行公司而不是债权人服务。如果受托人为债权人维权而不是维护发行公司的利益，那么发行公司可以解除对其的“绑定”，同时，以后的合作机会也就没有了。所以，在公司债债权人参与公司治理的过程中，需要重新架构公司债受托人制度才能更有利于保护债权人的利益。

在公司债信托中，由于公司债债权和对其的担保权成为信托财产，信托关系是中介，公司债债权人有着双重地位，即委托人和受益人的地位。因为是公司债债权人将享有的债权和担保权信托给信托公司，所以，公司债债权人才是信托财产真正的所有者，也是信托契约真正的委托人。发行公司虽然是信托契约一方当事人，但其实质地位是公司债债权人的代理人，发行公司以代理人的身份签订信托契约，正因为如此，公司债信托契约在发行前需要报审批机关审核或者备案。如果投资者购买了此债券，就意味着认同了公司债的受托人。同时，又因为公司债债权人是信托契约的受益人，而公司债信托的目的是保证公司债债权的实现而管理该债权，所以当发行结束后，发行公司就应该从信托关系中脱身，不再是信托关系的当事人，完全成为债权人和受托人的监督对象。这样受托公司就不再需要看发行公司的

"脸色"行事，更有利于受托人全面行使监督权力，从而减少损害公司债债权人利益的潜在危险，如图 7—1 所示。

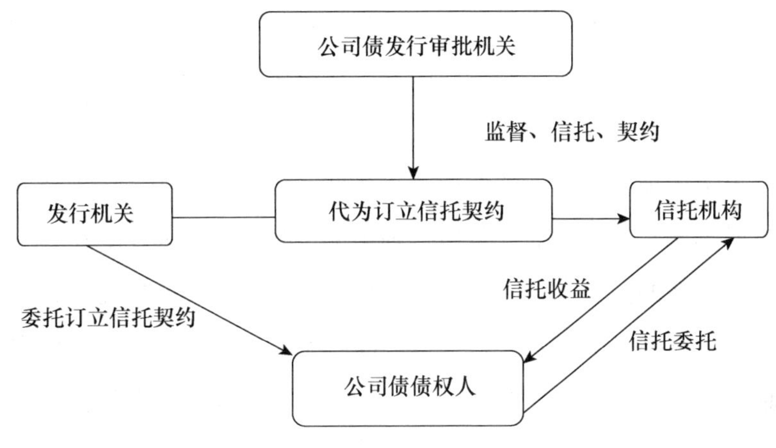

图 7—1　公司债信托关系重构

由此可见，受托人与债权人之间才真正成立公司债信托关系，而受托人和发行公司之间并不存在信托关系，并不是发行公司将公司债债权和担保信托设定给受托人，同时以公司债债权人为受益人，发行公司只是代理债权人订立信托契约。又由于真正的公司债信托委托人是还没有确定的广大债券投资者，为了保护这些投资者的利益，需要监管机构来审核或者批准该公司债信托契约。

7.3.3　受托人的资格和职责

1. 受托人的资格

由于受托人需要对发行人的财务状况、经营状况、市场前景、内部治理结构等方面进行详尽的了解以保障债券持有人的利益，这就需要受托人具备十分专业的知识和经验。很多国家规定受托人必须是符合一定资产规模的金融机构，因为资产规模不仅是受托人能力的体现，也是保证其承担责任的基础。

美国的债券受托人几乎都是银行；英国证券交易所的规则要求发行公司必须指定信托公司为受托人。日本规定只有银行、信托公司等才能成为公司债受托人。我国台湾地区规定只有金融机构和信托机构才能担任受托人。同时，为了避免受托人的义务与其私人利益发生冲突，很多国家都规定了债券受托人的竞业禁止条件。比如，受托人与发行人不能存在持股关系，受托人如果是银行则不能贷款给受托人，受托人不能给存在竞争关系的两家发行人同时提供服务，受托人不能担任发行公司的董事、监事等高管职务，发行公司的高管也不能同时担任受托机构的管理人员，受托人不能向债券发行人提供可能与债券持有人利益矛盾的咨询意见，等等。

2. 受托人的职责

公司债受托人的地位是基于信托契约而来。在法律上，为公司债债权人的权益赋予其一定权限，称为法定权限；法定之外，基于发行公司与受托人所约定的信托契约赋予的权限，是约定权限。2007 年，我国证监会颁布并实施的《公司债券发行试点办法》第 25 条规定，债券受托管理人应当履行下列职责：

（1）持续关注公司和保证人的资信状况，当出现可能影响债券持有人重大权益的事项时，召集债券持有人会议；

（2）公司为债券设定担保的，债券受托管理协议应当约定担保财产为信托财产，债券受托管理人应在债券发行前取得担保的权利证明或其他有关文件，并在担保期间妥善保管；

（3）在债券持续期内勤勉处理债券持有人与公司之间的谈判或者诉讼事务；

（4）当预计公司不能偿还债务时，要求公司追加担保，或者依法申请法定机关采取财产保全措施；

(5) 当公司不能偿还债务时，受托参与整顿、和解、重组或者破产的法律程序；

(6) 债券受托管理协议约定的其他重要义务。

归纳起来，受托人的职责主要有以下几个方面：

第一，限制债券持有人在无充分理由的情况下提起诉讼。

由于公司债债权人人数众多且较为分散，单个债权人对债券发行人进行维权是十分困难的，不仅成本很高，也不切合实际，因此信托合同往往对债券持有人的某些诉讼权利加以限制。如美国1999年的《修订标准简化信托合同》规定，如果每个债券持有人都在无充分理由的情况下向发行公司提起诉讼，则会导致债务人因为诉讼拖累而财产减少，这样反而损害了债券持有人的利益，所以债券持有人只能有条件地寻求司法救济。[①] 债券受托人有权代表债券持有人采取包括提起诉讼进行司法救济在内的所有手段来监督债务人履行债务，从而维护全体债券持有人的利益。

第二，债券受托人对信托合同所约定的事务进行专业化管理，对债务人进行监督。

债券持有人十分关心发行公司的分红、变卖资产、改变公司经营策略、为其他公司提供担保、进行新的借贷等行为，债券受托人需要对发行公司进行监督，了解债务人的财务和经营情况。如《修订标准简化信托合同》规定，发行公司应该将向美国证券交易委员会提供的各种报告、信息和文件在提交之后的15天内提交给受托人，同时发行公司应该在会计年度结束的3个月内提交给受托人一些证书，这些证书是由首

① See Section of Business Law, American Bar Association, "Revised Model Simplified Indenture," supra note (5), Sec. 6. 06.

席执行官、财务总监和总会计师签字的、对公司履行信托合同的说明。同时美国1939年《信托合同法》也规定，债务人必须在规定的时间内向受托人提供公司财务报告、经营状况报告等与履行债务有关的信息；当债务人违反了合同所规定的义务构成违约时，受托人可以出于保护债券持有人利益的目的无条件地宣布所有债务到期。[①]

第三，债券受托人在一定的条件下有权就某些事项与发行公司签订补充协议、修改信托合同而不需要债券持有人的同意。[②]

很多公司债期限很长，债券发行后，公司很有可能发生重大变化，双方做必要的调整和修改是不可避免的，而信托合同的效力随着债券的期限而存续。这就需要债券受托人具有与发行公司调整信托合同的权利及义务的权利，以维护债权人的共同利益。甚至在特殊情况下债券受托人需要具有对发行公司作出重大让步的权利。例如在债务人遭遇不可预见的困难（比如2008年次贷危机）或者遇到暂时性的困难（比如现金流一时跟不上）时，债券受托人可以允许债务人采取延期履行债务等措施。当然，这样的妥协需要债券受托人召集持有人大会，对有关事项进行投票，取得多数持有人的同意后才能实行。

第四，债券的日常管理。

债券的日常管理主要包括这样几个内容：债券的发行、赎回、偿还本息、过户登记、债券转让、转换等。这些工作可以为债券持有人提供一系列便利，因为债券持有人并不是专业的人员，很多人并不明白债券的具体操作，也有一些人即使明白也不愿意在这些琐事上劳心费力。受托人的工作不仅是代表债券持有人监督债务人，受托人还应该尽可能地

---

① See Trust Indenture Act of 1939 as Amended，supra note (4)，Sec. 314.

② See Section of Business Law，American Bar Association，“Revised Model Simplified Indenture，” supra note (5)，Sec. 9. 01.

为债券持有人服务，提供便利。比如，在债券赎回和转换时，受托人首先接到发行公司的通知，同时负责监督检查发行公司实施赎回是否符合合同规定。[①] 类似这样的事务是受托人应尽的义务和职责，通过这些工作可更好地维护债券持有人的利益。

7.4 债权人派生诉讼制度

7.4.1 股东派生诉讼制度

股东派生诉讼制度发端于 19 世纪初的英国衡平法，是随着英国判例对 1843 年 Foss vs. Harbottle 一案所确立的一些例外规则而逐渐建立和完善的。股东派生诉讼制度对大陆法系国家产生了直接的影响，并被大陆法系国家在立法中所吸收。

在 1843 年 Foss vs. Harbottle 一案中，少数股东要求公司对董事的不适当行为提起诉讼，公司大多数股东在就此问题进行表决时作出不起诉董事的决定。少数股东不服从该项决议，向法院提起诉讼，要求法院强制该董事对公司承担赔偿责任。法院认为，该董事的不适当行为虽然已经使公司遭受损害，但该行为已经因为公司大多数股东的追认而对公司产生了约束力，因此，少数股东不得再对此种行为提起诉讼。法院驳回了少数股东的诉讼。因为该案第一次将是否追究不适当行为人法律责任的权利赋予了占公司 51%表决权的大多数股东，所以，该案的规则亦被称为“大多数规则”（majority rule）和“内部管理规则”（internal management rule）。根据这一规则，如何对待公司董事及管理人员的行

---

① See Section of Business Law，American Bar Association，“Revised Model Simplified Indenture，” supra note （5），Sec. 3. 02.

为应以股东大会中多数股东的意志为准。除非经多数股东表决同意，否则少数股东不得仅因公司经营状况不佳或管理人员的行为违反公司内部细则而对其提起诉讼。因此，Foss vs. Harbottle 规则否定了股东发动派生诉讼的权利，该规则曾被法院长期遵守。

在该案中，公司的两名股东代表全体股东控告公司五名董事，法院未予准许。其理由有两点：一是适当原告规则。根据这一规则，公司是独立法人，行使公司权利。追究侵害公司利益的加害人责任的诉讼应由公司提起，而不是由股东提起。若允许每一个股东以自己的名义起诉，则同一件侵害公司利益的纠纷，股东们可能多次起诉，这不仅将会使公司多次受偿而获得不当利益，也将违背诉讼经济的原则，使诉讼耗时耗费巨大，更主要的是使判决没有既决的效力，无法制止重复的诉讼。二是大多数规则，也称公司“内部管理规则”。根据这一规则，如何对待公司董事及管理人员的行为，应以股东大会中多数股东的意志为准。即使董事行为不当，起诉与否也应由公司的股东大会决定，非经股东大会的多数股东表决同意，少数股东不得仅因公司经营状况不好或董事的行为违反公司内部规定而对其提起诉讼。因此，Foss vs. Harbottle 规则否定了股东发动派生诉讼的权利，该规则曾被法院长期遵守。

但是，如果不承认原告股东的诉权，法律将不得不面对这样的难题：若公司的控制者，包括股东和董事等高级管理人员行为不当，侵害了公司的利益，但由于公司在加害人的控制之下而不愿对其起诉，小股东又不能以自己的名义起诉，结果是公司所受到的损害将无法得到回复，加害人将逍遥法外。为了解决普通法[①]上的这一危机，英国法院不

① 普通法是根本法之外的其他法律。普通法不得和根本法相抵触。普通法有多种含义：在中国，通常指次于宪法（根本法）的一般法律；或者指对全国一致适用的法律，如民法、刑法等，是特别法（即仅对特定身份的人、特定事项、特定时间或特定地区适用的法律）的对称。在西方国家的法学中，普通法最早是指英国 12 世纪左右开始形成的一种以判例形式出现的适用于全国的法律。

得不从衡平法上寻找解决办法，因为衡平法就是为缓和普通法的严厉性而发展的一套法律规则。

Foss vs. Harbottle 规则此后在英美判例法中被不断地援引，适用于各种案件，并最终成为公司法上的基本规则。但是严格执行这一规则，否定少数股东在任何情况下的起诉权，势必将公司多数股东置于一种绝对的无可辩驳的地位，这既是不公平的，也会导致资本多数的权力滥用，甚至可能损害公司的根本利益。因此，在这一规则确立以后，又通过其他判例的方法逐渐软化 Foss vs. Harbottle 一案的立场，允许少数股东在例外的情况下以原告的身份对公司或相关的不适当行为人提起诉讼。当时允许的例外情况只是针对少数股东个人利益的保护，并不包括为公司利益由股东以自己名义提起的派生诉讼在内。

在英国 1864 年的 East Pant Du Mining Co. vs. Merry Weather 一案中，创设了这样一条规则：如果少数股东指控公司的人欺骗了公司，则该少数股东可以以公司的名义提起诉讼，从而有了股东派生诉讼的雏形。但直到 1975 年的 Wallersteiner vs. Moir 一案中英国司法界才正式将派生诉讼（derivative action）一词接纳为法律术语。于是在英国法院通过判例发展了一系列对 Foss vs. Harbottle 规则的例外规则，允许在某些法定情形下股东可发动股东派生诉讼。这些例外情况为：

（1）制止公司进行违法或越权行为。

（2）制止对少数股东进行欺诈，例如某些人将公司财产占为己有并利用他们所控制的股权使公司不能起诉。

（3）保护个别股东的个人权利。

（4）必须获得大会特别多数批准方有效而没有得到这种批准。

（5）公司经营的方式使小股东难以忍受或公司的歇业决定不公正地侵害了小股东的权益。

但是股东在提起代表诉讼时，必须证明如下事实：

（1）公司有权寻求救济。

（2）公司管理者不会以公司的名义起诉。

早在 Foss vs. Harbottle 一案之前，在美国就出现了股东派生诉讼的萌芽，发生于 1817 年的 Attorney General vs. Uticains. Co. 一案中就出现了小股东有权控诉公司管理层的例子。在 1832 年的 Robinson vs. Smith 一案中，法院判决指出公司董事和股东之间的关系是基于诚信。在 1841 年的 Forbes vs. Whitck 一案中，法院判决确定了股东个人向公司以外的第三人提出诉讼的权利。而美国股东派生诉讼真正产生于 1881 年的衡平规则 94（Equity Rule 94）。该规则规定，少数股东在为公司提起派生诉讼时必须首先向公司所有的股东提出正式请求，要求他们对致害人提起诉讼；如果该请求无效，则应对董事会提出正式请求，要求他们代表公司对致害人提起诉讼。如果董事会也不向法院诉请追究致害人责任，则少数股东可以为公司提起诉讼，要求致害人对公司承担法律责任。由于股东所享有的诉讼权利派生于公司，股东并不是直接为自己的利益而是为公司利益提起诉讼，故称之为派生诉讼。

股东派生诉讼制度产生以后，由于其现实的诉讼意义和社会价值与承认和保护少数股东合法权益的社会思潮相契合，故其影响力不断扩大，不仅被英美法系国家采用，而且被大陆法系国家的公司法所借鉴。法国于 1893 年开始准许股东行使派生诉讼权，德国、西班牙、菲律宾、澳大利亚和新西兰等国也相继规定了这一制度。日本于 1950 年在商法典中规定了股东派生诉讼制度，以强化对股东权的保护。《俄罗斯股份公司法》也有股东派生诉讼的规定。我国台湾地区亦规定了股东派生诉讼制度。从世界整体发展来看，股东派生诉讼日益成为公司少数股东的一项重要权利，也成为现代公司法所规定的一种重要制度。

股东作为公司利益的终极所有者，在公司权益受到他人的不法侵害时，股东的利益必然会间接受到损害，但由于根据所有权和经营权分离的理论，公司是独立于股东的法人实体，其是否以及如何追究侵害人的法律责任，股东一般无权干涉，只能由公司来自行决定。当侵害公司利益者为完全与公司无关的第三人时，董事会关于是否对其提起诉讼的决定通常不会招致股东对其合理性的怀疑。但若侵害公司利益者为公司的董事会成员、高级职员或控股股东，由于利益冲突等因素的存在，董事会不予起诉的决定是否公正、合理就很值得怀疑。事实上，董事会肆意豁免上述人员应对公司承担的赔偿责任、怠于起诉的情况在实践中屡见不鲜。正是针对这种情况，为矫正和预防上述人员滥用公司独立人格给广大股东造成的间接损害，法律规定了股东派生诉讼制度。公司董事和控股股东在国外的派生诉讼案件中扮演了大量的被告角色。

我国《公司法》第 149 条规定，董事、监事、高级管理人员执行公司职务时违反法律、行政法规或者公司章程的规定，给公司造成损失的，应当承担赔偿责任。

我国《公司法》第 151 条规定，董事、高级管理人员有该法第 149 条规定的情形的，有限责任公司的股东、股份有限公司连续 180 日以上单独或者合计持有公司百分之一以上股份的股东，可以书面请求监事会或者不设监事会的有限责任公司的监事向人民法院提起诉讼；监事有该法第 149 条规定的情形的，前述股东可以书面请求董事会或者不设董事会的有限责任公司的执行董事向人民法院提起诉讼。

监事会、不设监事会的有限责任公司的监事，或者董事会、执行董事收到前款规定的股东书面请求后拒绝提起诉讼，或者自收到请求之日起 30 日内未提起诉讼，或者情况紧急、不立即提起诉讼将会使公司利益受到难以弥补的损害的，前款规定的股东有权为了公司的利益以自己的名义直接向人民法院提起诉讼。

他人侵犯公司合法权益，给公司造成损失的，该条第一款规定的股东可以依照前两款的规定向人民法院提起诉讼。

据此，可以认为，我国目前的立法已经建立了股东派生诉讼制度。

7.4.2 债权人派生诉讼制度

公司债债权人派生诉讼制度源于股东派生诉讼制度，是指当公司利益受损或有可能遭受损失，而公司本身怠于或不愿提起诉讼，为维护公司整体利益，债权人代表公司对致害人提起要求其停止侵害行为或者赔偿损失的一种特殊的诉讼制度。[①] 债权人作为原告是为公司利益进行诉讼，其本身利益没有受到直接损失，因诉讼而产生的一切法律后果应由公司承担。债权人派生诉讼制度的意义不仅在于维护公司利益从而间接保护债权人的利益，更重要的是加强了债权人对公司经营层行为的监督和制约力度，其实质是一种典型的债权人参与公司治理的方式。

债权人派生诉讼具有以下特点：

第一，债权人可以针对一切损害公司利益的行为提起派生诉讼。《加拿大公司法》甚至规定公司债权人还可以对损害公司子公司利益的行为代表公司的子公司提起派生诉讼。

第二，债权人可对一切导致公司利益受损的公司内部董事、监事、经理及其他职员和公司外部第三人提起派生诉讼。

第三，对债权人代表公司提起诉讼的费用按照非财产权诉讼标准计算，不与诉讼标的的金额挂钩，而是采取固定收费的方式规定合理的费

---

① 参见李哲松：《韩国公司法》，82页，北京，中国政法大学出版社，2000。

用标准，以减轻债权人的诉讼成本。[①] 债权人一旦胜诉，有权要求公司补偿自己在诉讼中支付的一切合理、必要的费用。

第四，如果债权人败诉并造成公司因诉讼受到损失，只要债权人提出诉讼是出于善意，债权人就不需承担赔偿责任，被告公司在诉讼中付出的合理费用和所有损失不应由债权人负担。

由于单个债权人就有资格提出债权人派生诉讼，如果存在债权人滥用诉权进行恶意诉讼，容易导致公司面对大量繁杂的诉讼困扰，从而影响到公司的正常经营活动，所以就要求债权人提起诉讼具有主观上的善意，其动机完全是基于维护公司的利益而不是出于私利甚至出于扰乱公司的正常经营的目的。因此，债权人派生诉讼的限制是必不可少的。

第一，债权人派生诉讼的前置程序。

在提起诉讼之前，债权人应该向公司董事会提出书面请求，要求其以公司的名义对被告提起诉讼。如果董事会具有利害关系或者受到被告的控制导致董事会拒绝或怠于提起诉讼，债权人应向监事会提出相同的请求。如果监事会同样拒绝或怠于提起诉讼，债权人才可以代表公司提起派生诉讼。如果债权人可以证明公司的董事会和监事会都与被诉事项有利害关系或者均被被告实际控制，情况紧急若不立即提起诉讼将会给

---

① 非财产权案件的诉讼费用一般较低，比如我国非财产权案件的费用，除非金额较大（20万元左右），一般小于1 000元。财产权诉讼案件费用分段计费。我国《民事诉讼法》规定，不超过1万元的部分每件交纳50元；1万元至10万元的部分按照2.5%交纳；10万元至20万元的部分按照2%交纳；20万元至50万元的部分按照1.5%交纳；50万元至100万元的部分按照1%交纳；100万元至200万元的部分按照0.9%交纳；200万元至500万元的部分按照0.8%交纳；500万元至1 000万元的部分按照0.7%交纳；1 000万元至2 000万元的部分按照0.6%交纳；超过2 000万元的部分按照0.5%交纳。如果债权人派生诉讼的诉讼费按照财产权案件的收费规定缴纳，若债权人起诉的标的金额为1亿元，那么将面临高昂的诉讼费，这样就会阻碍债权人派生诉讼制度发挥作用。

公司带来无法挽回的损失，债权人可以免除前置程序。

第二，诉讼担保。

被告可以要求提起派生诉讼的债权人向被告提供一定的担保，担保范围包括被告参加诉讼所支付的一切合理费用。条件是被告应该能证明债权人提起诉讼是恶意的或者提起诉讼没有使公司或者债权人受益的可能性，且被告应向法院提出书面请求，经法院审查认为确有必要时才要求原告提供担保。

第三，赋予法院对派生诉讼的监督权。

法院有权对派生诉讼进行形式和实质审查，对于的确属于恶意的派生诉讼请求，法院有权驳回；法院受理诉讼后，未经许可债权人不得私下和解或者撤诉；债权人一旦撤诉，不得基于同一事实、同一理由对同一被告再次提起派生诉讼。①

① 参见邵琳：《对我国公司债权人派生诉讼制度的构想》，载《商场现代化》，2006（5）。

第 8 章

银行债权人参与公司治理的具体途径

8.1 银行债权人参与公司治理的意义

8.1.1 银行参与公司治理有利于公司完善治理结构

对于银行的作用，人们通常比较关注其在货币政策、宏观调控等经济运行方面的作用，对于银行对公司治理所具有的重要影响力却较少关注。但在实践中，银行对公司治理有着股东及其他利益相关者不可替代的作用。在股东利益最大化的“股权治理”逻辑下，银行与公司之间保持一定距离，不干预企业决策，更不参与公司治理。但随着利益相关者理论逐渐成为公司治理理论的主流，广大的利益相关者尤其是债权人参与公司治理的要求越来越强烈。其中，以银行贷款为主要融资手段的公司将银行债权人纳入其本身的治理过程中来，对于公司的内部制衡、扩大利润、提高绩效都有着重大意义。

第一，银行可以通过监督企业行为减少信息不对称所带来的代理成本，同时也可以防止企业陷入经营不善的境地。现代银行已经成为经济管理人才的集散地，同时银行具有比较先进的信息网络和技术设备。如果银行参与到债务公司的内部治理之中，一定会发挥自身的各种优势来为企业提供各种服务。

第二，有利于企业的长期发展。银行十分愿意与具有稳定偿还能力的企业结成长期稳定的融资关系。这时银行不仅是公司的债权人，也是企业主要的融资渠道。而银行的长期债权和连续债权与股东的投入资本基本上没有区别，只是名义上的债权与股权之分。在实践中，许多公司都有银行的长期债务和连续债务，这些债务对于银行来说已经成为长期投资，对于公司而言则是长期资本，这时银行的这些债权事实上已是类似于股东的投资。① 既然银行的债权已经类似于股东的投资，那么银行就有权利参与公司治理，派人进入公司董事会和监事会。这样一来，市场不确定性带来的风险就能大为减少，最终提高公司的长期绩效。

第三，通过监督贷款使用，有利于防止“内部人控制”。银行参与债务公司的内部治理可以充分监督贷款的使用情况，这样对企业高管是一种很强的约束，因为有了债权人的监督，企业高管利用信息不对称的手段对债权人进行欺瞒的成本就大大提高。

尤其是在法律体系并不健全的市场上，由于贷款合同很难真正对债务企业进行约束，企业的道德风险就相应提高了，这时，银行参与公司

① 参见刘丹：《利益相关者与公司治理法律制度研究》，76 页，北京，中国人民公安大学出版社，2005。

治理就显得十分必要。

8.1.2　银行有动力、有能力参与到公司治理之中

首先，银行为自身利益的实现会积极参与公司治理。利益相关者理论认为，公司能够正常发展的条件之一就是公司的利益主体对公司的支持，如果缺乏利益相关者的支持，公司的运营定会困难重重，而要取得利益相关者的支持就需要公司统筹考虑大家的利益而不能只考虑某一类利益相关者的利益。所以，公司治理结构设计的最终目的是构建一种利益协调机制，使得公司各个利益相关者的利益得到满足。银行债权人作为公司外部融资的重要来源，要求债务人到期还本付息是合同和法律保护的权利，同时贷款与存款的利差是很多银行主要的收入来源，所以，银行十分有动力对贷款进行监督。一方面是要维护自身利益，另一方面就是银行通过参与公司治理与企业结成利益共同体来获取更大、更长远的利润回报。由于银行是公司主要的资金供应者，因而银行十分关注公司的经营情况。公司要发展壮大，离不开银行的信贷支持，即使在股票市场最发达的美国，股票融资也只占整个外部资金来源的一小部分，银行贷款是公司外部融资的主要形式。对于建立长期信贷关系的银行和企业来说，事实上它们已经联结成了一个利益集团，而不再是单纯的债权债务关系。企业经营状况不仅直接关系到银行本息能否得到偿付，更关系到银行与企业的长期信贷关系，在一定程度上，甚至关系到银行的长期发展。在这种情况下，银行作为债权人甚至比股东更为关注企业的经营状况，因为法人人格独立性导致的企业有限责任，使股东的损失无非是投入的资本金，并且股东可以随时通过“用脚投票”出售所持股份来避免风险，而银行贷款不能提前收回本息，当公司资不抵债时，银行的损失也不可避免了。

其次，银行有能力参与公司治理。银行一般网点众多，能够及时地获得信息，对企业的资本结构、治理模式、运营方法、营销渠道甚至对企业的社会背景都比较了解。同时，银行集聚了大量经济专家、管理专家和技术专家，人才济济，对于企业进行监督的能力是十分强大的，这些能力都是一般存款人所不具有的。同时，银行可以将贷款资金分散到不同项目上，以大大降低自身的风险。

8.2 银行债权人参与公司治理的形成机理

从世界范围来看，银行参与公司治理最为明显的就是德国的全能银行和日本的主银行制，但在这两种制度下，银行都是作为股东而不是以债权人的身份参与到公司治理的层面上来。不过，对于这两种制度的观察和研究，有助于我们了解银行参与公司治理的机理。

8.2.1 德国全能银行形成机理

全能银行是德国特有的金融制度。之所以称其“全能”，就是说银行可以经营一切金融服务，银行的业务范围既包括传统银行的存、贷、汇业务，也包括投资银行业务、各类证券、外汇、贵金属交易和项目融资业务、证券经纪、基金等资产管理及咨询业务等。更关键的是，全能银行可以持有公司股票——作为公司股东参与公司治理，并且可以向公司派出董事、监事对公司的经营活动进行监控。德国全能银行的存在反映了德国商业银行与大企业之间存在着非常紧密的联系，企业的融资、投资、经营各个方面都受到银行的影响。表8—1将德国奔驰汽车公司、美国福特汽车公司、日本丰田汽车公司的前五大股东持股情况进行了比较，以此来说明德国全能银行在公司中的主导地位。从表8—1可以看出，在奔驰公司的股权结构中，德意志银行占有最大份额的股份，在其公司治理中，担当了全能银行的角色。

德国的全能银行治理模式的形成具有一定的历史必然性。德国政府一直以来相对集权，在经济的发展过程中起主导的作用。一方面，政府对于企业直接融资的监管十分苛刻，导致其证券市场比较落后，因此逼迫企业只能依靠间接融资来谋求发展；另一方面，德国政府对金融机构的管制宽松，德国的金融政策法规都对商业银行有着不同程度的偏袒和保护。德国政府这两方面的政策，为德国银行监督和控制企业打下了坚实的基础。同时，与英美国家企业股权分散的情况不同，德国的股权集中度非常高，德国的商业银行可以通过控制贷款取得大股东的地位，从而加强控制公司的能力。

表 8—1　　2009 年福特、奔驰、丰田汽车公司的前五大股东持股情况

美国福特汽车公司		德国奔驰汽车公司		日本丰田汽车公司	
股东	持股份额（%）	股东	持股份额（%）	股东	持股份额（%）
福特家族	23.60	德意志银行	34.73	丰田汽车	21.8
艾弗考尔信托公司	8.48	阿尔巴投资公司	9.10	丰田工业	11.2
惠灵顿管理公司	5.20	德国商业银行	8.23	日本信托服务银行	9.2
美国道富金融集团	3.50	科威特政府	6.90	日本集成信托银行	4.4
先锋集团（基金）	3.25	农业信贷资产管理集团	5.27	东京三菱 UFJ 银行	3.3
合计	44.03	合计	64.23	合计	49.9

资料来源：根据 Morningstar 公司网站数据整理。

8.2.2　日本主银行制形成机理

主银行是指为融资企业提供大规模资金，并与公司之间存在股权关系或者其他金融交易关系的特殊银行。主银行制是战后日本融资市场的一种特殊的金融体制，通过主银行制，银行、企业、金融监管当局形成了一个庞大的关系网络，其特点就是十分稳定。主银行制在日本的行成主要有三个原因：

第一，日本是一个长期集权专制的国家，缺乏经济民主思想。政府主导下的经济发展是日本经济的主要特点，一切经济行为都要以政府的经济目标为重。日本的经济政策是既鼓励公司之间的相互竞争、营造市场竞争环境，又希望市场主体的相对稳定，希望公司之间建立长期合作关系。这种思想导致了公司控制权市场极不发达，日本公司的股东十分稳定，不像英美国家的企业经常易手。在这样的市场条件和经济政策下，日本银行和企业之间在第二次世界大战期间就形成了稳定的经济合作关系。第二次世界大战期间，日本政府为加强对企业的严格控制，为每个接受军事订单的企业指派了一家银行为其提供主要资金，规定企业必须在指定银行开设公司账户。于是，主银行制度粗具雏形。

第二，经济民主化失败。第二次世界大战后，日本在美国的支持下进行了一场经济民主化改革，其核心就是解散财阀、移植美国金融制度。但是1949年的日本证券市场崩盘，致使改革宣告失败。于是，日本重新允许银行等金融机构参加公司治理，重建银行监督体系，日本的主银行制正式形成了。

第三，日本企业以法人持股为主，股权集中度高。据统计，日本私人持股不足1/4，机构投资者持有的股份也仅为1/4，其余股份则被银行和公司法人持有，超过了一半。[①] 日本公司的这种股权结构特点有利于公司法人对公司取得控制权，获得公司间的长期合作利益，因此日本

① 参见何自力：《法人资本所有制与公司治理》，168页，天津，南开大学出版社，1997。

企业股份的流动性差，为银行参与公司治理提供了机遇。

8.3　银行债权人参与公司治理的方式——相机治理

8.3.1　银行相机治理模式的界定

由于信息的不对称和市场的不完全性，借款人与贷款人关于投资前景、公司运营情况、借款使用情况等方面的信息差距非常大，贷款人与借款人的交易风险会变得很大，甚至贷款人出于风险考虑不愿与借款人进行交易。正因为如此，熊彼特也把银行称为经济发展的“守门人”，他认为银行的职能是为最可信的人提供贷款。罗伯特·汤森（Robert Townsend，1979）、道格拉斯·盖尔和马丁·赫尔维格（Douglas Gale and Martin Hellwig，1985）认为，在外部投资人对于项目收益的论证成本很高的情况下，投资人对项目进行全方位的监督并不是最优选择，债务契约才是投资人与项目人之间的最佳契约。这种债务契约存在一个均衡利率 r：当项目收益率高于 r 时，债务人付 r 给债权人，债权人则没有必要对债务人进行监督；当项目收益率低于 r、债务人有可能违约时，债权人将发挥其监督作用。在银行和贷款企业之间的关系也是这样，银行通过对企业的监督，可以减少由于逆向选择和道德风险引起的交易成本，从而防止债权人的利益受到损害。但是，银行对企业的监督并不意味着干预企业的所有日常经营活动，只有在经济形势恶化、企业财务危机、企业经营状况不佳或者企业行为有损债权人利益时，银行才会强化对企业的监控。日本经济学家青木昌彦把这种银行介入企业内部治理的方式归纳为“相机治理”（contingent governance）。他认为债权人的“相机治理”是指：将企业的剩余索取权和企业生存的决定权等各种企业经营方面的权利随着财务状况不同而转移的治理形态。这种相机性主要体现在公司在不同经营状况下债权人的不同监督方式和程度。

银行对公司的相机治理是指银行作为债权人在债务人出现重大财务困难和经营不善时依法对公司实施接管以避免公司财务进一步恶化并且保护自己的债权的措施，从而起到参与公司治理作用的机制。在公司经营状况良好、贷款偿还能力强的时候，银行一般不参与公司的日常经营，只是一个“沉默的商业伙伴”，几乎不对公司决策层进行任何干预。只有当公司出现严重的经营或财务问题并影响到银行贷款的偿还时，银行才会真正参与到公司治理中来，并对公司进行救助。相机治理机制包括事前、事中和事后治理三个方面。事前治理指债权人对债务企业提出的投资项目的经济价值进行评价和考察。事中治理是指资金注入企业后，债权人介入债务企业，直接检查经理人员的经营行为和企业的运营状况以及资金的使用情况。事后治理是在企业经营出现危机时，债权人干预企业经营决策。其参与企业治理的手段主要有三个：

（1）当债权人认为企业的困难只是一时性的，有挽救的可能和发展的前景时，对企业实行挽救政策，追加注入资金。

（2）当债权人认为企业无发展前景或者无力对其挽救时，对企业强制履行债权合约，硬化债务约束。

（3）当企业出现资不抵债的危机时，债权人对其实施破产程序。

8.3.2　相机治理的具体内容

银行对企业的相机治理主要有三个方面：债务合同约束、委托投票制度以及派驻董事和监事制度。

1. 发挥债务合同的约束作用

债权债务关系是由借贷合同形成的，通过合同的签订，商业银行拥有债权人的相应权利，因此它可以通过债务合同来约束公司管理者，参与到公司治理中去，这是债权人最基本的维护自身利益的手段。所以在签订债务合同时，需要注意以下几个方面的条款：

（1）要求会计数据真实可靠，遵循对债权人有利的原则。这样可以避免虚增利润，因为如果将利润做多了，则容易存在超分配，不利于债权人，也不利于公司的长远发展。

（2）对资本流动性的要求。对流动比率、速动比率、现金比率等指标作出规定。

（3）限制债务人增加债务。由于债务的相对性和同时性，债务的增加会损害原债权人的利益，因此对增加债务有必要进行限制。

（4）限制债务人的资本性支出。① 因为资本支出变现会有损益，且流动性差，尤其资产专用性高的公司，极有可能改变公司的风险结构，因此需要针对债务人的特定情况，进行资本支出的限制。

（5）严密控制资金的使用。即对借款实行专款专用，细化各用途款项的比例。比如对客户的付款，可以由银行直接打到客户的账户上而不经过债务人之手。

（6）限制利润分配和股票回购。利润分配和股票回购会减少公司的现金，从而影响公司的偿债能力，所以，应该限制公司利润分配的比例和股票回购的比例，从而避免对债权人利益的损害。

（7）限制资产清偿。主要指对固定资产的清理。当资产减少了，资

---

① 资本性支出是用于购买或生产使用年限在一年以上的耐用品所需的支出，其中既有用于建筑厂房、购买机械设备、修建铁路和公路等生产性支出，也有用于建筑办公楼和购买汽车、复印机等办公用品等的非生产性支出。

产负债率将增高，如果清理，公司现金增多，容易发生现金的转移。这些做法对债权人均不利，因此要进行限制。[①]

2. 委托投票制度

委托投票制度是指银行代表广大中小股东在股东大会上行使投票权的制度。现代公司中小股东数量众多，许多股东并不关心公司运营的好坏，只是关心股票价格的涨跌，所以，广大的中小股东不能也不愿参加股东大会，如果公司经营出现问题，便会用脚投票。但是上市公司一旦出现问题，中小股东的利益一定是最先受到侵害的。所以，委托投票制度不仅可以增加债权人的筹码，也有效地保障了中小股东的利益。由于银行具有专业优势和信息优势，因此，银行有能力代表中小股东进行公司决策的表决投票。通过行使这一权利，银行就可以派出自己人进入公司董事会或监事会，从而有利于参加公司治理。

在德国，公众持有的公司小额记名股份集中在银行手中。银行拥有这些股份的表决权，通过大量搜集众多分散的股份累积自己的投票份额，这样，银行就可以利用这种委托投票制度对公司的经营决策施加影响。

3. 银行债权人派驻董事、监事制度

银行是企业十分重要的外部人，也是企业外部融资的主要渠道，但是由于有限责任制度和信息不对称的影响，债权人的权益保护不到位。所以，当债务公司资产负债率较高时，银行有权参与到公司的董事会和监事会中，在公司的经营决策方面享有一定的参与权利。

银行应有权对重大客户派驻董事，因为董事会是一个公司的核心决

① 参见陈华丽：《我国商业银行参与公司治理的模式选择》，哈尔滨工程大学硕士学位论文，2010。

策机构，银行的派驻董事有权对损害债权人利益的决议进行否决。银行通过派驻代表进入公司董事会来参与公司治理可以更好地监督公司的经营状况、财务状况，同时发挥自身的主导作用，保证公司经营、资金使用不会损害自身的利益。同样，监事会是对董事和经理的行为行使监督职能的机构，是维护公司正常运营的监督机制。监事会主要是对公司的高管进行监督，是替委托人来监督代理人的，具有完全的独立性。监事会的工作主要有两个方面：一是对董事、经理的行为监督，二是对公司财务会计的专业监督。银行作为债权人也可以选择派驻代表进入监事会，从而更直接地监督公司的财务状况。通过对企业的财务分析可以了解企业的生存状况、发展状况和流动性状况，这对于债权人来说不仅是重要的决策依据，而且关系到债务公司是否有能力及时偿还债权人的债务。企业的财务状况是债权人了解企业的一扇窗户。通过它，债权人可以及时掌握真实的公司经营状况，所以，加强债权人监事在监管公司财务方面的职权，强调公司财务的健康与稳定，不仅能使债权人降低风险，也能够监督公司的各种道德风险，防止企业在经营过程中出现各种隐瞒、欺骗债权人的行为。通过监督，债权人监事可以对公司现金流断裂、担保物价值减少等重大危险信号提出异议，同时采取安全措施以避免和减少自身的损失。

然而，要想使得债权人派驻董事、监事制度顺利实施，还需要考虑以下四个方面的因素：

第一，就是要得到法律上的支持。在“股权逻辑”主导的公司治理模式下，公司的管理层是股东而并不是债权人的代理人，所以董事会成员和监事会成员均由股东大会来确定。但是在“利益相关者”理论的指导下，由于公司的经营状况直接影响到重要的利益相关者的利益，所以，作为重要的利益相关者——债权人有权派驻代表自身利益的董事和监事参与到公司的治理中来。法律上应赋予银行对重大客户派出外部董事和外部监事的权利。

第二，派驻董事和监事有权参加债务人的股东大会、董事会和监事会，做到缩小债务人和债权人信息不对称的程度，并发表自身利益诉求，同时派驻董事、监事应及时向银行反映企业的经营状况，使银行及时采取相应的措施。

第三，限制债权人派驻人员的权限。债权人进入公司高层的主要目的是保证自身的资金使用符合贷款要求，防止信息不对称，同时关注企业的财务状况，看企业是否有偿还能力。除此之外，债权人派驻人员不应该对公司所有事情都进行参与，因为毕竟两者之间角度不同，利益也不混同。如果激化了债权人与股东之间的矛盾，势必会造成混乱和低效，不利于企业的长期稳定与发展，对债权人来说也是得不偿失。所以，银行的派驻董事、监事并不是对公司的所有事情都需要进行参与，而应该是有范围、有限制地参与公司的内部治理。

第四，由于银行派驻董事、监事主要关注自身的贷款使用和偿还情况，所以还应该考虑对银行外部董事、监事的制度安排、任职条件、独立性、提名选举和更换职权等专门作出规定。同时也可以考虑由律师、会计师等专业人士作为银行的代理人行使银行的权利。只有通过派驻人员的实际参与，才能保证银行的信息来源准确，特别是在公司改制、转让、并购、分立等主体变化时，能够在第一时间作出反应，及时阻止和避免公司妨碍债权人实现债权的行为以及出现过度贷款、重复抵押、赖账等现象。

第9章 破产债权人会议制度

9.1 破产债权人会议的性质

破产债权人会议制度为世界上大多数国家和地区所借鉴，但是由于各个国家和地区均有自己的特殊性，导致破产债权人会议在各国的立法模式上存在诸多差异。从各国破产法中有关破产债权人会议立法模式来看，破产债权人会议主要采用两种立法模式：单轨制立法模式和双轨制立法模式。

采用单轨制立法模式的国家以意大利和法国为代表。《意大利破产法》中没有规定破产债权人会议制度，仅规定了破产债权人委员会制度；《法国破产法》则大胆抛弃了传统破产法立法中的破产债权人会议制度，引入了破产债权人代表制度。由法院从律师事务所、会计师事务所、审计师事务所等社会专业中介机构中选定专业人员充任债权人代表，代表破产债权人全程参与整个破产程序。我国 1986 年颁布实施的《破产法（试行）》中破产债权人会议设置的立法模式也采用单轨制立法模式，但我国仅规定了破产债权人会议制度，对破产债权人委员会制度并没有明文规定。采用双轨制立法模式的国家以德、日、英、美等国为主要代表。在双轨制立法模式中不仅设置了破产债权人会议作为全体破产债权人的议事机构，同时还设置了破产债权人委员会或类似于破产债权人委员会的常设机构。在债权人会议闭会期间，由常设机构代表全体破产债权人行使破产程序中的相关权利。我国 2006 年颁布的《中华人民共和国企业破产法》（以下简称《企业破产法》）一改《破产法（试行）》的单轨制立法模式，借鉴德、日、英、美等国立法经验采取双轨制立法模式，在保留原有破产债权人会议的基础上增设了破产债权人委员会。[①]

关于破产债权人会议的性质，国内外理论界各学者观点莫衷一是。其中具有代表性的主要有以下几种学说：

1. 债权人团体机关说

债权人团体机关说以破产债权人在破产程序中利益的一致性作为其理论依据。持该学说的学者认为在破产程序进行过程中发生的诸如破产财产范围的变化、破产财产变价及分配、破产费用的增减等事实对于债权人利益的保护有着重要的影响，关乎每一个破产债权人的债权能否最大限度地得到清偿。因此，该学说认为全体破产债权人共同构成了破产

① 债权人委员会是人民法院审理企业破产案件期间的临时组织。按照 2006 年 8 月由中华人民共和国全国人民代表大会常务委员会通过的《中华人民共和国企业破产法》，债权人会议可以决定设立债权人委员会。债权人委员会由债权人会议选任的债权人代表和一名债务人的职工代表或者工会代表组成。债权人委员会成员不得超过九人。债权人委员会成员应当经人民法院书面决定认可。

债权人团体这一机构，而由破产债权人参加的破产债权人会议则成为这一团体机构的机关。更有学者在坚持该学说的基础上提出应当进一步明确破产债权人团体的法律地位，将破产债权人团体界定为法人组织，认为赋予破产债权人团体法人主体资格更有利于破产债权人权益的保护，代表破产债权人利益的破产债权人会议则被界定为该法人组织的法人机关。[①]

2. 事实上的集合体说

事实上的集合体说以破产债权人在破产程序中的利益的差异性作为其理论依据。持该学说的学者认为在破产程序中破产债权人会议不是必然存在的，而是在破产程序进行过程中法院为了有效协调不同破产债权人之间的利益冲突，确保破产程序的效率性依职权临时将破产债权人召集到一起组成的临时性集合组织。同时，各国破产法律也没有对破产债权人会议的主体性问题作出任何明确的规定。

3. 自治团体说

该学说为我国台湾地区学者和内地部分学者所主张。自治团体说以民法理论中的民事主体平等及意思自治为理论根据。所谓意思自治，是指民事主体依照自己的理性判断，自主参与市民社会生活，管理自己的私人事务，不受国家权力或其他民事主体的非法干预。[②] 持该学说的学者认为，基于债权所具有的平等性特征，在破产程序中破产债权人无论债权额的大小，一律具有平等的法律地位。该学说否认破产债权人会议的法人主体性质，认为破产债权人会议是非法人性质的特殊组织，即由破产债权人组成的破产债权人会议实质上就是全体破产债权人实现其平等法律地位、表达其共同意志的一种自治性团体。

① 参见石川明：《日本破产法》，112 页，上海，上海社会科学出版社，1995。

② 参见张玉敏：《民法》，29 页，北京，高等教育出版社，2007。

4. 破产财团的最高权力机关说

该学说以破产财团为其理论根据，认为破产人经法院宣告破产后，其便不能作为商业法律关系中的一方主体，其原有的相关权力机构、执行机构也因破产宣告而丧失其原有功能，原本由债务人占有、管理的财产也脱离债务人的支配，呈现出了相对的独立性。这时，法律就把具有一定法律地位、本身就相当于一个财团法人的破产财团，视为独立的法人。[①]

大陆法系国家传统破产法理论的通说将该部分财产称为破产财产。综观世界各国和地区的破产法，规定破产财产的变价及分配方案必须获得债权人会议的通过，这时破产债权人会议无形中便成为整个破产财团的最高权力机关。

5. 独立意思机关说

该学说认为，尽管各国破产法及民事法律中没有将破产债权人会议界定为民事权利主体，也没有赋予破产债权人会议诉讼法上的行为能力，但是在破产程序进行过程中破产债权人会议所为的一切活动却显现出破产债权人会议具有独立的意思能力，破产债权人会议在破产程序中具有独立的地位。相对于债务人，它是和解的一方当事人；相对于法院，它是债权人表达意思的自治共同体；相对于破产管理人，它是专门的监督机构。因此，债权人会议是债权人参加破产程序表达其意思、行使其权利的基本形式，在破产程序中具有独立的意思表示能力。[②]

9.2 设置破产债权人会议的依据

破产债权人的独立意志如何在破产程序中得到体现，破产债权人的

① 参见韩长印：《破产法学》，66页，北京，中国政法大学出版社，2007。

② 参见齐树杰：《破产法》，70页，厦门，厦门大学出版社，2007。

合法权益如何在破产程序中得到维护，是破产程序中的机构构造和程序设计合理性与否的关键所在。综观世界上大多数国家的破产立法，都无一例外地设置了破产债权人会议制度。既然破产债权人会议有如此重要的地位和普遍性，那么破产债权人会议的存续必然有其相应的理论依据为支撑。笔者认为，破产债权人会议设置的依据主要有以下几点：

9.2.1 破产债权人利益终极保护理念

破产债权人利益的保护有着悠久的历史。在古罗马时代，罗马法学家依据法律效果的相同性，对于债的属性做过以下论述："债是一种迫使我们必须根据我们城邦的法律制度履行某种给付义务的法律约束。"[①] 罗马法学家认为债是特定人与特定人之间的关系，债为连接破产债权人与债务人的法锁，对任何一端的变更都将使债的关系失去同一性。甚至有一段时期，罗马法将债的关系视为一种人身关系：当债务人不履行债务时，破产债权人可以拘押债务人，将债务人的人身作为债权实现的担保。受这一理论的影响，在破产法律制度早期发展阶段，破产债权人利益保护被放到了重中之重的地位。这一时期，债务执行程序自始至终贯彻的都是对破产债权人权利的充分救济与保护，债务人的利益根本得不到法律的认可，并且对债务人的处罚极为严重。当债务人不能清偿破产债权人的债权时，破产债权人可以处死债务人作为对债权的清偿。[②] 这就是最传统的破产债权人利益绝对保护立法理念。随着经济社会的飞速发展，破产法学理论研究也得到了不断深入和拓展，人们开始逐渐反思破产债权人利益绝对保护立法理念所带来的负面影响，进而整个破产法

① 彼得罗·彭梵得：《罗马法教科书》，283～284页，北京，中国政法大学出版社，1992。

② 参见张世君：《新破产法的嬗变与超越——从理念到制度的展开》，载《首都经济贸易大学学报》，2007（2），123页。

律制度的立法理念由破产债权人绝对保护演进为破产债权人与债务人利益兼顾。进入近现代社会后，社会利益也被纳入破产法的立法理念。从前述立法理念演进历程来看，破产债权人的地位似乎出现了日趋下降的趋势。但事实上破产债权人的地位并没有下降，破产法立法理念的演进并不是对债权人利益保护理念的任何轻视或贬低，也不是对破产债权人在破产程序中的法律地位的弱化。破产债权人利益的保护作为整个破产法律制度的基础与核心是不容置疑的。将债务人利益和整个社会的利益保护问题纳入破产法调整的范围，其实是为了更好地保护和实现债权人的利益，其最终的目标是保护破产债权人的利益。因此，作为破产法律制度重要组成部分的破产债权人会议制度，也必须将破产债权人利益的终极保护理念作为其理论支撑。唯有如此，才能保证破产债权人实现其破产程序参与权和破产程序监督权，维护自己的合法权利。

9.2.2 破产程序的效率性理念

破产程序的最直接目的是当债务人不能按期清偿到期债务即出现财务窘境时，为了满足破产债权人的清偿要求，在法院的监督和指导下，就债务人的财产实行的以分配为最终目的的清算程序。在这一程序的进行过程中，尽管破产债权人之间存在着利益的一致性，但不可否认的是破产债权人之间也存在着利益的矛盾性。进入破产程序的债务人的财产是有限的，并且会随着破产程序的进行而发生变化。由于破产财产的有限性，每一个破产债权人都希望自己的债权能够获得最大限度的清偿，这势必进一步加剧破产债权人之间的矛盾。这种情况若不加以规制，整个破产程序势必进入僵局状态而无法继续进行下去。因此，为了有效协调破产债权人之间利益分配的矛盾，维护大多数破产债权人的合法利益诉求，势必要引入某一种制度。这一制度必须能够将破产债权人之间的利益冲突纳入有序的轨道，保证每个破产债权人都既能够充分发表自己的独立意见，又能够及时有效地消除破产债权人之间的意见分歧，保证整个破产程序能够快速有序地进行下去，这一制度便是破产债权人会议制度。

9.2.3　破产债权人自治理念

破产债权人自治，是指全体破产债权人组成破产债权人会议或者选任破产债权人代表，对破产程序中的有关重大事项发表意见并作出决定，以监督破产管理人或者其他法定财产管理人正当履行其职责。破产债权人自治的雏形发端于早期破产程序中存在的破产债权人自力救助制度，该制度将保障破产债权人利益理念发挥到了极致。随着社会的发展、法制的进步，国家对私人领域的渗透愈加明显，破产债权人的自力救助越来越受到国家公权力的限制。随着国家公权力对整个破产程序的不断渗透，破产债权人在整个破产程序中的地位出现弱化的趋势。同时，破产法律程序是以债务人到期不能清偿债务为出发点，以保障破产债权人的公平受偿为根本宗旨。破产债权人为了维护自己的利益迫切要求加入到破产程序中，实现自己的破产程序参与权和监督权。破产债权人自治的表现形式即破产债权人会议便日益深受重视，成为破产法律制度的重要组成部分。破产程序中的破产债权人自治，是实现破产程序公平清偿宗旨的一项基本制度，它不仅为破产债权人提供了维护自己公平受偿利益的机会，而且为法院以及管理人取得破产债权人的团体协作而顺利进行破产程序创造了条件。为了保证破产程序的顺利进行，充分发挥破产债权人的合作精神，就要在破产程序中设立专门的代表破产债权人利益的机构，以实现破产债权人自治。

9.2.4 公平保护破产债权人利益理念

破产案件的处理事关破产债权人的切身利益，其债权最终受偿比例的程度决定着破产债权人的利益保护程度。破产债权人会议制度的设立有利于破产债权人有关权利的行使，能够保障债权人对破产程序中关乎其自身利益的重大事项发表自己的意见，最大限度地维护自己的合法权利。同时，破产程序中的债权糅合了普通债权、劳动债权、担保债权、政府税收债权、破产费用债权等诸多债权，是一系列债权的集合体。民法理论中认为债权是民事主体重要的财产权利之一，但与同样是重要财产权利的物权相比，债权是一种相对权，不具有排他性。不论债权额的大小，各个破产债权人拥有同样的法律地位。任何一个破产债权人都没有优于其他破产债权人的权利。但是当债务人因各种原因进入破产程序后，破产债权人的债权也随之转换为破产债权。正是这种转换导致债权发生了与传统民法理论大相径庭的变化。各国破产法对于破产债权的清偿顺序大多规定，破产费用债权优先于劳动债权，劳动债权优先于普通债权。原本处于平等地位的破产债权人之间出现了“不平等”。破产债权人会议的设立将不同性质债权的权利人集合到一起，将存在差别的各自利益形成统一的“利益集体”，在最大限度内维护破产债权人整体利益的基础上，满足了不同破产债权人的利益需求。

9.3 我国破产债权人会议制度的完善

我国 2007 年 6 月 1 日正式生效实施的《中华人民共和国企业破产法》对我国原有破产债权人会议制度做了很大的变动，构建了全新的破产债权人会议制度，但是我国新《企业破产法》所构建的破产债权人会议制度并不是完美无缺的。该法的有关规定并没有彻底地破解破产事务中的一些难题，某些制度设计还存在需改进的地方。任何一种法律制度的顺利实施都需要与之相协调的配套制度，破产债权人会议法律制度的顺利实施同样也需要相应的法律制度与之相协调，否则会因对一些相关问题的处理不妥当，进而影响破产债权人会议制度实施的法律效果。①

因此，笔者试图以破产债权人会议制度以及与之相配套的其他法律制度为切入点，提出相应的完善建议。

9.3.1　完善破产债权人会议主席制度

对于破产债权人会议主席制度，我国《企业破产法》第60条规定，破产债权人会议设主席一人，由人民法院从有表决权的破产债权人中指定。破产债权人会议主席主持破产债权人会议。尽管法律规定了破产债权人主席会议制度，但在现实中，破产债权人对于耗时耗力的破产程序的参与热情并不是很高，对于破产债权人会议主席一职更是关心甚少。此外，我国现行法律对破产债权人会议主席制度也仅是简单地作了规定，不足以满足破产实践的需要。笔者认为应从以下几个方面进行完善：

1. 引入专业人士作为破产债权人会议主席的人选

根据破产债权人会议主席的作用，会议主席应该比一般的破产债权人具有更多的经济与法律专业知识，更了解整个破产案件的大局，才能完全尽到职责。普通债权人并非专门从事破产事务的专业人员，其有关经济与法律方面的专业知识必然比较匮乏，同时破产债权人本身又有其

① 参见杨威、刘子慧：《论我国破产法律制度的完善》，载《北京理工大学学报（社会科学版）》，2000（3），61页。

他相关事务，无法做到持续有效地关注破产程序的每一个环节。随着经济社会的飞速发展，社会成员之间的分工越来越细，出现了大批专门从事破产事务的专业人员。基于上述事实，笔者建议借鉴《英国破产法》破产债权人会议主席制度的立法经验，引入专业人士作为破产债权人会议主席的候选人。在英国，破产债权人会议主席是由专业人士担任的，这些专业人士持有通过考试并经专业机构认可颁发的执业证书。同时，为了避免由于相关人士怠于履行有关职责导致破产财产的减少，进而侵害到破产债权人的合法权利，英国法律又规定这些人员在担任破产债权人会议主席的同时，必须向全体破产债权人提供相应的担保和保证。因此，在将来修订《企业破产法》时应规定建立专业破产债权人会议主席制度，由人民法院在具有从业资格的专门律师或会计师中指定破产债权人会议主席人选，由指定的专业人士担当破产债权人会议主席并履行相关的职责。对于专业破产债权人会议主席的薪酬问题，笔者认为可参照破产管理人薪酬的确定方式，由人民法院按照全体破产债权人可获清偿的债权总额确定破产债权人会议主席的薪酬比例。

2. 建立有效的破产债权人会议主席退出机制

我国 2007 年 6 月 1 日正式实施的《企业破产法》仅就破产债权人会议的选任机制做了简单的规定，对于破产债权人会议主席的退出机制却没有作出明确的规定。因此，破产债权人经人民法院指定后能否因某种事由辞去主席职务，对未能及时有效履行相应职责的破产债权人会议主席，破产债权人会议能否行使罢免权等一系列问题便成为破产事务中亟待解决的问题。因此，我国应尽快建立以破产债权人会议主席辞职制度与破产债权人会议主席罢免制度为核心的退出机制。如前所述，破产债权人会议主席一职对于破产债权人会议作用的发挥有着至关重要的影响，因此应当明确，当破产债权人会议主席由于某些事由不能正常履行破产债权人会议主席职责时，破产债权人会议主席应及时辞去职务。众所周知，破产债权人会议是破产债权人实现其破产程序参与权和破产程序监督权，维护破产债权人共同利益的重要组织形式。同时，债权人会议主席是全体破产债权人的利益代表，对于破产程序的完成具有很大作用，因此，应赋予破产债权人会议罢免破产债权人会议主席的权利。

9.3.2　赋予破产债权人会议核查破产费用与共益债务的权利

从破产财产中拨出一定的费用作为破产案件的审理费用和破产程序的必要开支，是破产程序赖以推进的物质保证。因此，破产费用和共益债务制度设计不仅影响着破产申请权行使的难易度，而且决定着破产程序运作的成本收益，对于破产债权人债权受清偿的程度更是有着至关重要的影响。各国破产立法上多对破产费用和共益债务制度有相关规定。由于具体称谓不同，为了研究的方便，我国有学者将其界定为合并制立法体例和分别制立法体例。

以英国和美国为代表的英美法系国家的破产立法中多使用破产费用这一概念；德国破产立法中在将相关费用严格区分为程序费用和财团债务的基础上，将两者统称为财团债权；日本破产立法则仅仅是继受了德国破产立法中财团债权的概念，并没有进一步将相关费用严格区分为程序费用和财团债务；我国台湾地区的破产立法并没有使用财团债权的概念，而是直接规定为财团费用和财团债务。尽管这些国家和地区针对这一制度用了不同的表述方式，但这仅仅是语言措辞方面的不同，其所包括的实际内容并没有太大的差异。

为了保证破产程序的顺利进行，我国《企业破产法》借鉴世界上其他国家和地区的立法经验，重新建构了破产费用和共益债务制度，并且采纳了学者的建议分别规定了破产费用和共益债务。该法专设第五章就破产费用和共益债务的问题作出专门规定，但是仅仅就破产费用和共益债务的范围和支付制度做了原则性的规定，却没有规定破产费用和共益债务的支付损害破产债权人利益时的保障制度。由于破产费用和共益债务的支付意味着破产财产的减少，这势必导致破产债权人债权清偿额的减少。尽管破产债权人不能决定破产费用的支出数额，但是应当赋予破产债权人进行监督的权利。

因此，笔者建议扩大破产债权人会议的职权范围，赋予破产债权人会议核查破产费用和共益债务的职权，避免破产财产在使用过程中出现浪费现象，为破产债权人利益的保护提供有力的保障。

9.3.3 完善破产债权人委员会制度

为弥补破产债权人会议和人民法院对破产程序日常监督乏力的局面，我国《企业破产法》借鉴国际上的通行惯例，增设了破产债权人委员会制度。我国《企业破产法》第 67 条至第 69 条对破产债权人委员会的设立、职权等问题作出了规定，弥补了以前对破产程序监督乏力的缺陷，为保证破产债权人破产程序监督权的有效行使和破产程序进行的公平性和效率性提供了有力的制度保障。但我国现行法有关破产债权人委员会制度的设计存在一些不足和缺陷，对于破产债权人委员会作用的发挥有着一定的负面影响。笔者建议对我国破产债权人委员会制度进行如下完善：

第一，进一步强化破产债权人委员会行使职权的效果。如前所述，我国《企业破产法》引入破产债权人委员会制度的立法初衷是加强对破产程序的日常监督，保障破产债权人在破产程序中的合法权利。但是该法第 69 条却规定破产管理人对其实施的一系列关涉破产债权人利益的重大财产处分行为如不动产权益的转让、担保权的设定以及权利的放弃等仅负有向破产债权人委员会报告的义务，作为监督机构的破产债权人委员会对前述行为却不能行使相应的监督权。这一规定导致作为破产监督权行使主力军的破产债权人委员会的监督地位大大降低，根本无法实现破产债权人委员会代表债权人会议行使破产程序监督权的立法初衷。我国《企业破产法》第 26 条规定，“在第一次债权人会议召开之前，管理人决定继续或者停止债务人的营业或者有本法第 69 条规定的行为之一的，应当经人民法院许可”。同样的行为在破产债权人委员会成立之前必须获得人民法院的许可，在破产债权人自己的监督机构破产债权人委员会设立后却无须经过破产债权人委员会的许可，这样的规定与《企业破产法》中的破产债权人保护立法理念是存在冲突的。诚然，在破产程序进行过程中，破产管理人的诸多管理行为有着很强的专业性，市场机会更是瞬息万变。但是我们不能片面追求破产程序的效率性而忽略破产程序的公正性。因此，笔者建议进一步强化破产债权人委员会的职权，明确规定管理人在实施不动产所有权转让等对破产债权人利益产生重大影响的法律行为时，应征得破产债权人委员会的同意。同时还应进一步细化破产管理人的报告义务，管理人应向破产债权人委员会提交包括但不限于实施某一法律行为的依据、目的、法律后果、对破产债权人利益的影响程度的书面文件。

第二，建立完善的破产债权人会议、破产债权人委员会及人民法院三方关系协调机制。为维护破产债权人利益，我国现行《企业破产法》在原有监督机制的基础上引入了破产债权人委员会制度，构建了全新的以破产债权人委员会监督为主、以人民法院和破产债权人会议监督为辅的破产程序监督主体机制。由于肩负着繁重的审判任务以及破产事务中存在诸多非法律事务，人民法院仅能从宏观上对破产程序进行监督。破产债权人会议本身所具有的非常设机构性质使得其在破产程序监督方面也是力不从心。破产程序监督的重担自然落在破产债权人委员会身上，但是人民法院和破产债权人会议的监督也不能被忽略。因此，笔者建议破产程序的日常监督权由破产债权人委员会行使。当某一法律行为关涉破产债权人的核心利益时，破产债权人委员会必须及时提请召开破产债权人会议，由破产债权人会议行使相应的监督权；当某一法律行为关涉整个破产程序的利益时，破产债权人委员会应在与人民法院进行及时沟通后行使相应的监督权；当某一法律行为关涉破产债权人的核心利益与整个破产程序的利益时，破产债权人委员会应及时提请召开破产债权人会议并与人民法院就相关问题进行沟通，在兼顾破产债权人利益与相关破产程序主体利益的基础上正确行使相应的监督权。因此，构建完善的三方协调机制，形成三大监督主体相互配合的监督体系，对于保证破产程序的监督始终围绕着债权人利益保护这一理念而展开具有重要意义。

9.3.4 进一步完善破产债权人会议召集权救济制度

《企业破产法》对破产债权人会议职权制度进行了较大程度的扩充，为破产债权人破产程序参与权和破产程序监督权的有效行使提供了权利保障。破产债权人会议是以开会的形式来发挥其功效的，因此破产债权人会议能否及时召开对于破产债权人权利的行使以及破产债权人利益的保护至关重要。对于第一次破产债权人会议，我国《企业破产法》规定由人民法院召集，自债权申报期限届满之日起 15 日内召开。对于以后的破产债权人会议，我国《企业破产法》规定在人民法院认为必要时，或者管理人、破产债权人委员会、占债权总额四分之一以上的破产债权人向破产债权人会议主席提议时召开。上述规定明确了破产债权人会议召集权的归属，有利于破产债权人会议的及时召开。但美中不足的是，我国《企业破产法》没有明确规定当破产债权人会议主席拒不履行破产债权人会议召集权时的救济措施。一旦发生破产债权人会议主席拒不召集破产债权人会议的情况，相关权利主体就没有可以凭借的法律救济依据，从而严重影响破产债权人会议相关职能的发挥，给整个破产程序的顺利进行和破产债权人利益的保护带来严重的不利影响。

笔者认为，我们可以将我国《公司法》股东大会召集制度中的权利救济措施引入破产债权人会议召集制度。我国现行《公司法》规定当公司董事会不依法履行其召集股东大会的职责时，监事会、符合法律规定条件的股东可以代行董事会的召集权，避免出现股东大会无法如期召集的窘境。因此，笔者建议在破产债权人会议主席不履行破产债权人会议召集职责时，允许人民法院或者破产债权人委员会行使破产债权人会议的召集权，保证破产债权人会议的如期召开。

第 10 章 研究结论、局限性与未来展望

自从利益相关者理论被提出之后，利益相关者参与公司治理已经成为公司治理理论中广为研究的一个命题。本书结合利益相关者理论，从债权人是重要的利益相关者的角度出发，论证了债权人参与公司治理的必要性、可行性，并提出了债权人参与公司治理的具体方式。本书通过对中国上市公司的数据进行检验，为债权人参与公司治理提供了科学依据，并以此为切入点，具体分析了不同债权人应该采取的参与方式，对债权人参与公司治理这一问题进行了新的探索。

10.1 研究结论

本书的研究结论是：

第一，根据利益相关者理论和状态依存所有权理论，公司治理的内在逻辑不应该仅仅包含股东，债权人作为公司的重要利益相关者，具备参与公司内部治理的理论基础。

第二，在企业实践中，企业融资模式不同，则企业的治理模式也不同。以股权融资为主的企业，股东对企业的贡献占主导地位，股东参与公司内部治理理所应当。但是，在以债权融资为主要模式的企业之中，债权人的地位丝毫不差于股东，甚至在某种程度上债权人对公司发展的作用已经超过了股东的作用。在这种情况下，如果债权人不能够参与公司的内部治理，债权人将面临严重的信息不对称，其债权的实现也不能得到保障。所以，在这种情况下，债权人参与公司内部治理就显得十分重要。

第三，通过对中国上市公司的实证分析，证明了企业负债率与绩效成负相关关系，尤其是企业的融资型负债与企业绩效成明显的负相关关系。在没有债权人参与公司治理的相关制度保障下，债权人的利益无疑会受到巨大的威胁。企业融资比例越高，企业的绩效越差，企业对本身的债务越没有偿付的能力。所以，通过实证检验，本书论证了债权人参与公司治理的必要性。

第四，债权人参与公司治理的具体途径不仅要求债权人和公司之间的博弈，而且需要外部法律制度的保障。传统民商法对于债权的保护十分有限，这就需要在法律层面赋予破产债权人参与公司治理的权利和制度通道，使得债权人能够通过法律手段保障自身对于公司内部治理的参与权。同时，本书对企业融资债权人进行了区分。公司债债权人参与公司治理的主要方式是：公司债受托人制度、债权人会议等；银行债权人参与公司治理的方式是相机治理模式，其中包括：派驻董事和监事、委托投票制度等；外部法律体系对于债权人参与公司治理的保障主要是债权人派生诉讼制度。

10.2　研究的局限性与未来展望

本书对债权人参与公司治理这一命题进行了比较完整的论证，从不同角度证明了债权人参与公司内部治理的必要性和可行性。同时，本书提出了债权人参与公司治理的具体途径，但是在研究过程中也存在一些不足：

第一，在关于债权人参与公司治理的制度缺陷的讨论中，本书主要论述了有限责任和现代民法对债权保护的不足，其缺陷是并没有进一步讨论民商合一和民商分立的情形，其主要针对的也是大陆法系中民法对债权保护的滞后和不足。债权保护的滞后主要是由大陆法系中物权与债权的性质所引起的，而之所以立法滞后是由于16—18世纪资产阶级革命的需要，当时需要确立物权的不可动摇的地位，同时抑制官僚阶级的高利贷，所以在此基础上显得债权保护较弱。本书的分析只限于现实情况，由于篇幅和主题的原因，没有进一步对制度背后的历史成因展开分析。

第二，在关于企业融资模式的讨论中，本书选取了日本、韩国、德国等赶超型国家的企业作为分析对象，认为债权融资在其中起到了主导作用。本书并没有讨论形成这一状态的历史原因，仅仅讨论了现实状态。同时，在对现实状态的描述中，由于缺乏相关最新数据的支持，本书只能援引略早的数据和其他旁证进行归纳分析，而且，举例说明大于一般说明。希望在以后的研究中能够进一步展开。

第三，在实证分析中，本书只选取了中国上市公司的数据，在范围上略显狭窄。同时，本书的实证分析思路是证伪而不是证实。换句话说，本书只证明了在债权人没有参与公司治理和缺乏对债权人参与公司治理的制度保障的情况下，企业的绩效与负债率成负相关关系，而并没有证明债权人参与了公司治理之后，企业的绩效有了显著的提高。由于影响企业绩效的相关因素较多，同时，真正实行了债权人参与公司内部治理的公司也仅仅是个案，这样的公司样本不仅难以寻找，而且其数量并没有形成一定规模从而达到统计的标准，所以本书的实证具有一定的局限性。

第四，本书提出的债权人参与公司内部治理的途径仅仅是可以借鉴的经验方法而已，并不是每个债权人都可以通过这样的方式参与公司的内部治理。同时，债权人参与公司内部治理的方式还有其他类型，甚至有些类型不足以写入书中，比如勾结高管共同抵制股东等。所以，本书并没有将全部参与途径尽数罗列出来，只是重点介绍了其中几种。希望今后的研究能对此作出进一步的归纳。

参考文献

[1] Aghion, P. and P. Bolton, "An Incomplete Contract Approach to Financial Contracting," *Review of Economic Studies*, 1982 (1).

[2] Allen, Franklin and Douglas Gale, "A Welfare Comparison of Intermediaries and Financial Markets in Germany and the US," *European Economic Review*, 1995 (39).

[3] Aoki, M., *The Cooperative Game Theory of the Firm*, Oxford University Press, 1984.

[4] Becht, Marco, "Strong Blockholders, Weak Owners and the Need for European Mandatory Disclosure," *European Corporate Governance Network Executive Report*, 1997 (10).

[5] Bhide, Amar, "The Hidden Costs of Stock Market Liquidity," *Journal of Financial Economics*, 1993 (34).

[6] Boot, Amoud W. A., Stuart J. Greenbaurn, and Anjan V. Thakor, "Reputation and Discretion in Financial Contracting," *American Economic Review*, 1993 (83).

[7] Smith, C. W. and J. B. Warner, "On Financial Contracting," *The Journal of Financial Economics*, 1979 (25).

[8] Mernick, Dodd E., "For Whom Corporate Managers Are Trustees," *Harvard Law Review*, 1932 (5).

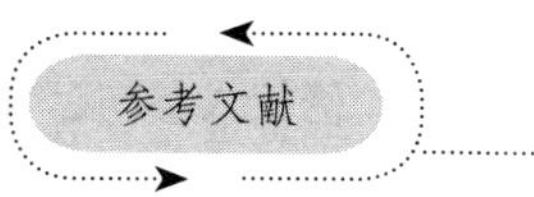

［9］Berglof, Eric, "Reforming Corporate Governance," *Economic Policy*, 1997 (24).

［10］Franks, Julian and Colin Mayer, *Ownership and Control, Trends in Business Organization: Do Participation and Cooperation Increase Competitiveness?* Morhr Siebeck: Tubingen, 1995.

［11］Alexander, Gerschenkron, *Economic Backwardness in Historical Perspective: A Book of Essays*, Harvard University Press, 1962.

［12］Grossman, Sanford and Oliver Hart, "The Cost and Benefits of Ownership: A Theory of Vertical and Lateral Integration," *Journal of Political Economy*, 1986, 94 (4).

［13］Hellwig, Martin, "On the Economics and Politics of Corporate Finance and Corporate Control," Working Paper, University of Mannheim, 1998.

［14］Hermalin, B. and M. Weisbach, "The Determinants of Board Composition," *Journal of Economics*, 1988 (19): 589-606.

［15］Hoshi, T. A. Kashyap and D. Scharfstein, "The Role of Banks in Reducing the Costs of Financial Distress in Japan," *Journal of Financial Economics*, 1990 (27).

［16］Huson, Mark R., Paul H. Malatesta, and Robert Parrino, "Managerial Succession and Firm Performance," *Journal of Financial Economics*, 2004, 74 (2).

［17］Israel, R., "Capital Structure and the Market for Corporate Control: The Defensive Role of Debt Financing," *Journal of Finance*, 1991 (46).

［18］Zwiebel, Jeffrey, "Dynamic Capital Structure under Managerial Entrenchment," *The American Economic Review*, 1996 (12).

[19] Jensen, M. C. and W. H. Meckling, "Rights and Production Functions: An Application of Labor-managed Firms and Co-determination," *Journal of Business*, 1979 (52).

[20] Jensen, M. C. and W. H. Meckling, "The Theory of the Firm: Managerial Behavior, Agency Costs and Ownership Structure," *Journal of Financial Economics*, 1976 (3).

[21] Jensen, G. and J. Johnson, "The Dynamics of Corporate Dividend Reductions," *Financial Management*, 1995 (24).

[22] Jensen, M. C. and C. W. Smith, *The Theory of Corporate Finance: A Historical Overview*, New York, NY: McGraw-Hill, 1984.

[23] Jensen, M. C. and K. J. Murphy, "Performance Pay and Top-Management Incentive," *Journal of Political Economy*, 1990 (98).

[24] Jensen, M. C., "The Modern Industrial Revolution, Exit, and the Failure of Internal Control Systems," *Journal of Finance*, 1993 (48).

[25] Jensen, M. C., "Agency Cost of Free Cash Flow, Corporate Finance, and Takeovers," *American Economic Review*, 1986 (76).

[26] Campbell, John Y., Andrew W. Lo, and A. Craig Mackinlay, *The Econometrics of Financial Markets*, New Jersey: Princeton University Press, 1997.

[27] John, K. and L. H. P. Lang, "Insider Trading around Dividend Announcements: Theory and Evidence," *Journal of Finance*, 1991 (46).

[28] Bruce, Johnson W., Robert Magee, Nandu Nagarajan, and Harry Newman, "An Analysis of the Stock Price Reaction to Sudden Executive Deaths: Implications for the Management Labor Market," *Journal of Accounting and Economics*, 1985 (7).

[29] Macey, Jonathan R. and Geoffrey P. Miller, "Corporate Governance and Commercial Banking: A Comparative Examination of Germany, Japan and the United States," *Stanford Law Review*, 1995, 48 (1).

[30] Gaspar, Jose-Miguel and Massimo Massa, "Shareholder Investment Horizons and the Market for Corporate Control," *Journal of Financial Economics*, 2005 (76).

[31] Kaplan, S. and Bernadette Minton, "Appointments of Outsiders to Japanese Boards: Determinants and Implications for Managers," *Journal of Financial Economics*, 1994 (36).

[32] Kaplan, Steven N. and Luigi Zingales, "Investment-cash Flow Sensitivities Are Not Valid Measures of Financing Constraints," *Quarterly Journal of Economics*, 2000 (115).

[33] Klein, A., "Firm Performance and Board Committee Structure," *Journal of Law and Economics*, 1998 (41).

[34] Kole, S., "The Complexity of Compensation Contracts," *Journal of Financial Economics*, 1997 (43).

[35] La Porta (b), Rafael, Florencio Lopez-de-Silanes, Andrei Shleifer, and Robert Vishney, "Investor Protection and Corporate Governance," *Journal of Financial Economics*, 2000 (58).

[36] Larry, Lang and Rene M. Stulz, "Tobin's q, Corporate Di-

versification, and Firm Value," *Journal of Political Economy*, 1994 (102).

[37] Lease, R. and J. McConnell, "The Market Value of Control in Publicly Traded Corporation," *Journal of Financial Economics*, 1983 (11).

[38] Levine, Ross, "Financial Development and Economic Growth: Views and Agenda," *Journal of Economic Literature*, 1997 (6).

[39] Levine, Ross, "Stock Market: A Spur to Economic Growth," *Finance and Development*, World Bank, March 1996.

[40] Lins, K. and H. Servaes, "International Evidence on the Value of Corporate Diversification," *Journal of Finance*, 1999 (54).

[41] Blair, Margaret M. and Bruce K. Maclaury, *Ownership and Control: Rethinking Corporate Governance for the Twenty-first Century*, Brookings Institute, 1995.

[42] Marris, R., *The Economic Theory of Managerial Capitalism*, Glencoe, IL: Free Press, 1964.

[43] Baumol, W. J., *Business Behavior, Value and Growth*, New York: Macmillan, 1959.

[44] McConnell, J. and H. Services, "Equity, Ownership and the Two Faces of Debt," *Journal of Financial Economics*, 1995 (39).

[45] Miller, Merton H., "Do the M&M Propositions Apply to Banks?," *Journal of Banking and Finance*, 1995 (19).

[46] Miller, E. M., "Risk, Uncertainty and Divergence of Opinion," *Journal of Finance*, 1977 (32).

[47] Morck, R., A. Shleifer, and R. Vishny, "Management Ownership and Market Valuation: An Empirical Analysis," *Journal of Financial Economics*, 1988 (20).

[48] Morck, Randall and Masan Nakkamura, "Banks and Corporate Control in Japan," *Journal of Finance*, 1999 (54).

[49] Myers, S. C. and S. Majluf Nicholas, "Corporate Financing and Investment Decision When Firms Have Information That Investors Do Not Have," *Journal of Financial Economics*, 1984 (13).

[50] Nakatani, L., "The Economic Role of Financial Corporate Grouping," in M. Aoki (ed.), *The Economic Analysis of the Japanese Firm*, Amsterdam: North Holland, 1984.

[51] Narayanan, M. P., "Managerial Incentives for Short-term Results," *Journal of Finance*, 1985 (40).

[52] Neumann, R. and T. Voetmann, "Top Executive Turnovers: Separating Decision and Control Rights," *Managerial and Decision Economics*, 2005 (26).

[53] Ning, Xiangdong, "The Policy Enforcement in the Transition: A Case in Chinese Coal Industry," in Proceedings of the 4th International Conference of Economic Transition, 1999.

[54] Oliver, H., "Financial Contracting," *Journal of Economic Literature*, 2001, 39 (1).

[55] Mahoney, Paul G. and Mark Weinstein, "The Appraisal Remedy and Merger Premiums," *American Law and Economics Review*, 1999 (1).

[56] Prowse, S. D., "Institutional Investment Patterns and Cor-

porate Financial Behavior in the United States and Japan," *Journal of Financial Economics*, 1990 (27).

[57] Rajan, Raghuram G., "Insiders and Outsiders: The Choice Between Informed and Arms-Length Debt," *Journal of Finance*, 1992 (47).

[58] Thompson, Robert B., "Exit Liquidity and Majority Rule: Appraisal's Role in Corporate Law," *Georgetown Law Journal*, 1995 (1): 36-60.

[59] Gilson, Ronald J. and Jeffrey N. Gordon, "Controlling Controlling Shareholders," *University of Pennsylvania Law Review*, 2003 (152): 785-843.

[60] Masuli, Ronald W., "The Impact of Capital Structure Change on Firm Value: Some Estimates," *Journal of Finance*, 1983, 38 (1).

[61] Ross, S. A., Randolph W. Westerfield, and Jeffrey Jaffe, *Corporate Finance* (*Sixth Edition*), McGraw-Hill, 2002.

[62] Ross, S. A., "The Arbitrary Theory of Capital Asset Pricing," *Journal of Economic Theory*, 1976 (12).

[63] Ross, S. A., "The Determination of Financial Structure: The Incentive Signaling Approach," *Bell Journal of Economics*, 1977 (8).

[64] Ross, S. A., "The Economic Theory of Agent: The Principal's Problem," *American Economic Review*, 1973 (63).

[65] Rozeff, M. S., "Growth, Beta and Agency Costs as Determinants of Dividend-Payout Ratios," *Journal of Financial Research*, Fall, 1982.

[66] Schultz, T. W., "Investment in Human Capital," *The Amer-*

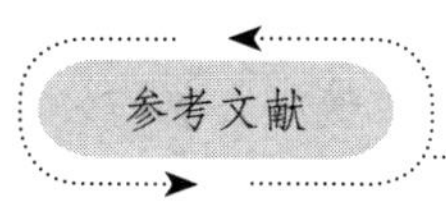

ican Economic Review, 1961 (51).

[67] Simon Ha, "A Behavioral Model of Rational Choice," *The Quarterly Journal of Economics*, 1955 (69).

[68] Kaplan, Steven N., *Corporate Governance and Corporate Performance: A Comparison of Germany, Japan and the US*, Oxford University Press, 1997.

[69] Stiglitz, Joseph E. and Andrew Weiss, "Credit Rationing in Markets with Imperfect Information," *American Economic Review*, 1981 (71).

[70] Thomsen, S. and T. Pedersen, "Ownership Structure and Economic Performance in the Largest European Companies," *Strategic Management Journal*, 2000 (21).

[71] Wessels, Titman S., "The Determinant of Capital Structure Choice," *Journal of Finance*, 1988 (43).

[72] Warner, J. B., "Bankruptcy Costs: Some Evidence," *Journal of Finance*, 1977, 32 (2).

[73] Warner, J. B., R. L. Watts, and K. H. Wruck, "Stock Prices and Top Management Changes," *Journal of Financial Economics*, 1988 (20).

[74] Wells, P., "Earnings Management Surrounding CEO Changes," *Accounting and Finance*, 2002 (142).

[75] Williams, J. B., *The Theory of Investment Value*, Cambridge, Mass: Harvard University Press, 1938.

[76] Williamson, O. E., "The Economics of Organization: The Transaction Cost Approach," *American Journal of Sociology*, 1964 (87).

[77] Yermack, D., "High Market Valuation of Companies with a Small Board of Directors," *Journal of Finance*, 1997 (52).

[78] Zajac, E. J. and J. D. Westphal, "The Costs and Benefits of Managerial Incentives and Monitoring in Large U. S. Corporations: When Is More Not Better?," *Strategies Management Journal*, 1994 (15).

[79] 布莱恩·R·柴芬斯. 公司法：理论、结构和运作. 北京：法律出版社，2001.

[80] A. D. 钱德勒. 看得见的手——美国企业的管理革命. 北京：商务印书馆，1987.

[81] 阿道夫·A·伯利，加德纳·C·米恩斯. 现代公司与私有财产. 北京：商务印书馆，2005.

[82] 弗兰克·伊斯特布鲁克，丹尼尔·费希尔. 公司法的经济结构. 北京：北京大学出版社，2005.

[83] 黄津孚. 现代企业管理原理. 北京：首都经济贸易大学出版社，2007.

[84] 宫岛英昭：现代日本经济. 上海：上海财经大学出版社，2001.

[85] 青木昌彦. 现代企业. 东京：岩波书店，1984.

[86] 李哲松. 韩国公司法. 北京：中国政法大学出版社，2000.

[87] 寇小营. 企业营销中的伦理问题研究. 天津：天津人民出版社，2001.

[88] 奥利弗·E·威廉姆森. 治理机制. 北京：中国社会科学出版社，2001.

[89] 包小忠. 日本企业的融资结构与治理结构效率. 北京：中国

社会科学出版社，2006.

［90］陈宏辉．利益相关者利益要求：理论与实证研究．北京：经济出版社，2004.

［91］陈信元，朱红军．转型经济中的公司治理．北京：清华大学出版社，2007.

［92］程立．公司治理、多元化与企业绩效．上海：复旦大学出版社，2008.

［93］邓汉慧，张子刚．企业核心利益相关者共同治理模式．科研管理，2006（7）.

［94］邓恒，柳红．OECD《公司治理结构原则》注释．经济社会体制比较，1999（5）.

［95］邓晓岚，王宗军，骆杰伟等．我国制药行业上市公司资本结构的实证分析．财贸研究，2005（16）.

［96］德国股份法．北京：中国政法大学出版社，2000.

［97］唐纳森．有约束力的关系——对企业伦理学的一种社会契约论的研究．上海：上海社会科学院出版社，2001.

［98］顾功耕主编．商法教程．上海：上海人民出版社，2001.

［99］郭金林．企业产权契约与公司治理结构——严禁与创新．北京：经济管理出版社，2002.

［100］何自力．试论日本的主银行制与公司治理．南开经济研究，1997（1）.

［101］黄津孚．现代企业管理原理．北京：首都经济贸易大学出版社，2007.

［102］贾生华，陈宏辉．利益相关者的界定方法述评．外国经济管理，2002（5）.

［103］江若尘. 企业利益相关者问题的实证研究. 中国工业经济，2006（10）.

［104］柯芳枝. 公司法论. 北京：中国政法大学出版社，2004.

［105］赖源河，王志诚. 现代信托法论. 台湾：台湾五南图书出版公司，1997.

［106］勒内·达维德. 当代主要法律体系. 台湾：台湾五南图书出版公司，1990.

［107］雷新途. 不完备财务契约缔结和履行机制研究. 北京：经济科学出版社，2009.

［108］李维安，李建标，张俊喜. 公司治理理论精要. 北京：机械工业出版社，2006.

［109］李维安. 公司治理. 天津：南开大学出版社，2006.

［110］李维安主编. 中国公司治理原则与国际比较. 北京：中国财政经济出版社，2001.

［111］李响. 内部人控制、公司治理结构与融资方式的选择. 上海经济研究，1998（5）.

［112］梁能. 公司治理结构：中国的实践与美国的经验. 北京：中国人民大学出版社，2001.

［113］刘海鸥. 论上市公司董事对公司破产债权人的连带责任. 财经理论与实践，2007（3）.

［114］刘佳刚. 公司控制权收益问题研究. 长沙：湖南人民出版社，2006.

［115］刘美玉. 企业利益相关者共同治理与相互制衡研究. 东北财经大学博士学位论文，2007.

［116］陆正飞，韩霞，常琦. 公司长期负债与投资行为关系研

究——基于中国上市公司的实证分析. 管理世界，2006 (1).

[117] 法国商法. 北京：法律出版社，2004.

[118] 宁向东. 公司治理理论. 北京：中国发展出版社，2006.

[119] 潘彬婷. 利益相关者治理模式与破产债权人利益保护之关系研究. 中国政法大学硕士学位论文，2008.

[120] 庞德良. 论日本法人相互持股制度与公司治理结构. 世界经济，1998 (12).

[121] 戚聿东，钟涵. 委托代理条件下企业家的规模偏好及其矫正. 经济管理与研究，2009 (11).

[122] 曲扬. 我国转型时期中的公司治理模式选择. 北京：对外经济贸易大学出版社，2009.

[123] 邵琳. 对我国公司破产债权人派生诉讼制度的构想. 商场现代化，2006 (5).

[124] 沈达明，冯大同. 国际资金融通的法律与实务. 北京：对外经济贸易大学出版社，1985.

[125] 石少侠主编. 公司法. 北京：中国政法大学出版社，2006.

[126] 宋胜洲，傅彬. 破产制度与破产债权人作用. 改革，2005 (1).

[127] 孙怡红. 论大陆法系的公司债破产债权人会议制度. 商场现代化，2007 (6).

[128] 谭雪梅. 日、美、德公司股权结构的分析与启示. 东北财经大学学报，2000 (1).

[129] 汤春来. 多元化利益主体参与公司治理的路径选择. 华东政法学院学报，2002 (3).

[130] 田江平，米健. 罗马法基础. 北京：中国政法大学出版

社，1987.

［131］汪辉. 上市公司债务融资，公司治理与市场价值. 经济研究，2003（8）.

［132］日本商法典. 北京：中国法制出版社，2001.

［133］吴春岐，董一鸣主编. 公司法. 北京：中国政法大学出版社，2006.

［134］韩国商法. 北京：中国政法大学出版社，1999.

［135］瑞士债法典. 北京：法律出版社，2002.

［136］特拉华州普通公司法. 北京：中国法制出版社，2010.

［137］严武. 证券市场管理国际比较研究. 北京：中国财政经济出版社，1998.

［138］杨瑞龙，周业安. 企业的利益相关者理论及其应用. 北京：经济科学出版社，2000.

［139］杨瑞龙. 国有企业治理结构创新思路的选择. 现代经济探讨，2000（1）.

［140］叶向阳. 债权融资与公司治理研究. 暨南大学博士学位论文，2004.

［141］虞政平. 股东有限责任. 北京：法律出版社，2001.

［142］虞政平. 美国公司法规范精选. 北京：商务印书馆，2004.

［143］张民安. 公司法上的利益平衡. 北京：北京大学出版社，2003.

［144］张维迎. 所有权、治理结构及委托—代理关系：兼评崔之元和周其仁的一些观点. 经济研究，1996（9）.

［145］张维迎. 博弈论与信息经济学. 上海：上海三联书店、上海人民出版社，2001.

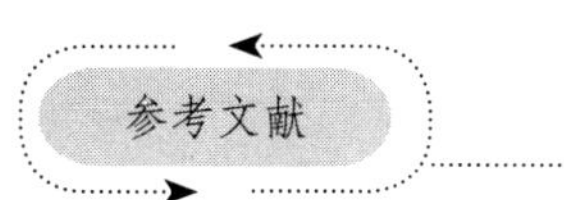

［146］张银杰．公司治理——现代企业制度新论．上海：上海财经大学出版社，2010．

［147］赵奎，朱崇利．金融信托理论与实务．北京：经济科学出版社，2003．

［148］赵旭东主编．公司法学．北京：高等教育出版社，2006．

后　记

在本书完成之日，特别感谢我的博士生导师戚聿东教授。戚教授治学严谨，为人随和，不仅给我学业上很多的指导，也为我未来的职业发展提供了宝贵的意见和支持。本书的出版受到了戚教授主持的北京市高等学校“长城学者”培养计划项目（CIT&TCD20130330）的资助。感激之情溢于言表，师恩难忘，长记于心。

同时，我要感谢我的亲人们给予我的全部支持和关爱。做学术是个苦差事，如果没有亲人的支持，还真不一定能够坚持下来。合上笔，经常回想起当初在书海中徜徉的日子，尘一身，汗一身，虽然清贫但无怨无悔。希望在未来的日子里，我的家人健康快乐，生活幸福；我自己能够在治学的道路上百尺竿头，更进一步，对得起教师这个称号。

本书出版的时间大概是我幼子刚满1岁的生日，谨以此书送给他作为纪念，希望他快乐成长，健健康康。

沈晨光

2014年9月17日，嘉华学院